Rechtspopulismus in Europa

Neue Dynamiken oder altes Muster?

Bibliografische Information der Deutschen Nationalbibliothek:

Die Deutsche Nationalbibliothek verzeichnet diese Publikation in der Deutschen Nationalbibliografie; detaillierte bibliografische Daten sind im Internet über http://dnb.d-nb.de abrufbar.

Impressum:

Copyright © Studylab 2018

Ein Imprint der Open Publishing GmbH, München

Druck und Bindung: Books on Demand GmbH, Norderstedt, Germany

Coverbild: Open Publishing GmbH | Freepik.com | Flaticon.com | ei8htz

Inhaltsverzeichnis

Abbildungsverzeichnis

1 Einführung in die Thematik des europäischen Rechtspopulismus

In der öffentlichen Wahrnehmung scheint das Phänomen des Rechtspopulismus als eine neue Dynamik in ganz Europa aufzutreten. Mediale Berichterstattungen sprechen dabei von einer rechtspopulistischen Welle in Europa. Diese Wahrnehmung wird auch von internationalen Wahlentscheidungen gestärkt. Mit Donald J. Trump zog der Rechtspopulismus auch in das Weiße Haus ein und hat sich damit in einem der einflussreichsten Staaten der Welt etabliert. Der reine Populismus stellt aus geschichtlicher Sicht hingegen keine neue Erscheinung dar. Wissenschaftliche Untersuchungen benennen hierbei die Farmerbewegungen in den USA und die Narodniki im russischen Kaiserreich als erste populistische Beispiele.[1] In der heutigen Zeit steht der Populismusbegriff oftmals im Zusammenhang mit politischen Parteien und Bewegungen, welche sich als rechts kategorisieren. Auch dies ist keine Neuerscheinung der letzten zehn Jahre. Der europäische Rechtspopulismus reicht bis in die 1980er Jahre hinein und konstituierte eine neue Parteienfamilie, welche von Wissenschaftlern unter dem Begriff Rechtspopulismus subsumiert wurde.[2] Seinerzeit wurden die beachtlichen Wahlerfolge der Lega Nord in Italien, der Freiheitlichen Partei Österreichs, des Vlaams Blok in Belgien und des Front National in Frankreich als Strohfeuer abgestempelt. Diese Vorhersage erwies sich als deutliche Fehleinschätzung. Den rechtspopulistischen Parteien gelang es nicht nur, sich als Teil des Parteienspektrums zu etablieren, sondern das Phänomen des Rechtspopulismus weitete sich auf andere Staaten aus. Beispielsweise gründete Pim Fortuyn in den Niederlanden seine rechtspopulistisch ausgerichtete Partei „Liste Pim Fortuyn", doch auch in den skandinavischen Ländern entstanden rechtspopulistische Strömungen, die in das Parteienspektrum einzogen. An dieser Stelle ist es wichtig zu erwähnen, dass rechtspopulistische Parteien durchaus das Potenzial besitzen an die Regierung zu kommen. Populärstes Beispiel dabei ist die Freiheitliche Partei Österreichs, welche nach ihrem rechtspopulistischen Aufstieg zur Jahrhundertwende sechs Jahre lang Regierungsverantwortung übernahm. Vor diesem Hintergrund könnte man zur Schlussfolgerung gelangen, dass der Rechtspopulismus bereits ein altes Muster darstellt. Demgegenüber stehen die neu entstandenen rechtspopulistischen Bewegungen und Parteien in Europa. Obwohl

---

[1] Vgl. Wolf (2017: 3ff.).
[2] Vgl. Decker (2006: 9).

die Bundesrepublik Deutschland bereits Erfahrung mit rechtspopulistischen Parteien, wie beispielsweise der Schill-Partei in Hamburg hat, entstand mit der Alternative für Deutschland 2013 eine neue Dynamik des Rechtspopulismus in Deutschland. In ähnlicher Art und Weise stellt die Partei für die Freiheit in den Niederlanden eine neue rechtspopulistische Partei dar. Durch diese voranschreitende Entwicklung des Rechtspopulismus, sind heutzutage in nahezu allen europäischen Parlamenten rechtspopulistische Parteien vertreten. Aus dem ursprünglich überschaubaren Angebot an rechtspopulistischen Parteien entwickelte sich im Laufe der Zeit eine Vielzahl rechtspopulistischer Parteien in ganz Europa. Die vorliegende Masterarbeit versucht unter dem Titel: „Rechtspopulismus in Europa – Neue Dynamik oder altes Muster", die Erfolgsfaktoren rechtspopulistischer Parteien in Europa herauszustellen und eine Erklärung darüber abzugeben, ob sich die Erfolgsfaktoren rechtspopulistischer Parteien im Verlauf der Zeit gewandelt haben.

Damit dieser Sachverhalt eine adäquate Untersuchung erfährt, werden im Rahmen der Masterarbeit vier unterschiedliche Länderanalysen durchgeführt. Hierbei dienen die Länder Österreich (Freiheitliche Partei Österreichs) und Frankreich (Front National) mit ihren beiden rechtspopulistischen Parteien als Vertreter des vermeintlich alten Musters. Ergänzt wird dieses Untersuchungspaar durch die vergleichsweise neuen dynamischen rechtspopulistischen Parteien in den Niederlanden (Partei für die Freiheit) und der Bundesrepublik Deutschland (Alternative für Deutschland). Unter Zuhilfenahme dieser Länderkonstellation ist es möglich, die Erfolgsfaktoren rechtspopulistischer Parteien in der Vergangenheit und in der Gegenwart zu bestimmen. Weiterhin kann eine Aussage darüber getroffen werden, ob sich die Erfolgsfaktoren der „alten" rechtspopulistischen Parteien im Verlauf der Zeit verändert haben und von denen der neuen rechtspopulistischen Parteien unterscheiden oder ob ein Zusammenhang besteht.

Um eine kohärente Analyse der Themenstellung zu gewährleisten, werden im zweiten Kapitel zunächst die grundlegenden Begriffe Rechtsextremismus und Rechtspopulismus definiert und anhand von Merkmalen zueinander abgegrenzt. Dies ist vor dem Hintergrund der uneinheitlichen Definitionen der Termini Rechtsextremismus und Rechtspopulismus konstitutiv, um eine einheitliche Basis für den weiteren Verlauf der wissenschaftlichen Arbeit zu schaffen. Nachdem die terminologische Klärung vollzogen wurde, werden im dritten Kapitel die Fragestellung, der Gegenstand und die Untersuchungsperspektive der vorliegenden Masterarbeit erarbeitet und spezifiziert. Innerhalb dieses Kapitels wird anfänglich aus der Fragestellung heraus eine Hypothese formuliert. Im weiteren Verlauf wird im Rahmen der Operationalisierung ein Untersuchungsschema entwickelt, welches sowohl die Erfolgsfaktoren und die Karrierestufen rechtspopulistischer Parteien erfasst. Um eine optimale Basis für die Analyse zu schaffen, wird in Kapitel vier ein einführender Überblick bezüglich der Entstehungsgeschichten der Parteien gegeben. Anschließend beginnt in Kapitel 5 die detaillierte Analyse der rechtspopulistischen Parteien, welche sich im Kern an dem eigens dafür modifizierten Karrierestufenmodell und dem Modell des politischen Wettbewerbs ausrichtet. Die ausschlaggebenden Erfolgsfaktoren werden in Kapitel sechs zusammengetragen und hinsichtlich der Fragestellung und der Hypothese untersucht. In einer abschließenden Zusammenschau, werden die Ergebnisse der vorliegenden Masterarbeit kritisch reflektiert und ein Ausblick bezüglich des europäischen Rechtspopulismus gegeben.

2 Terminologische Klärungen

Um ein grundsätzliches terminologisches Verständnis der Thematik zu erlangen, ist es wichtig, die zentralen Begriffe zu definieren und voneinander abzugrenzen. In diesem einleitenden Kapitel werden überwiegend deskriptive Termini verwendet, so dass für die Analyse ein zweiteiliges Vorgehen notwendig ist. In einem ersten Schritt wird der Rahmen abgesteckt, indem sich die „begrifflichen Phänomen" bewegen und in einem zweiten Schritt deren zentralen Elemente herausgearbeitet.

2.1 Was ist Rechtsextremismus?

1974 löste der Begriff „Rechtsextremismus" den „Rechtsradikalismus" ab. Als Ausgangspunkt gelten die Abschlussberichte der Verfassungsbehörden mit ihrem grundlegenden Verständnis „einer „streitbaren" oder auch „wehrhaften Demokratie", die sich gegen ihre Feinde, „Extremisten" von links und rechts, wehren müsse."[3] Demnach ist unter Extremismus von rechts ein verfassungsfeindlicher Verstoß gegen die „freiheitliche demokratische Ordnung" zu verstehen.[4] Die Definition von Extremismus liefert eine erste begriffliche Annäherung. Im nächsten Schritt soll erläutert werden, welche Überzeugungen, Handlungen und Strukturen vorhanden sein müssen, damit eine Gruppe als rechtsextremistisch eingestuft werden kann.

Über diese Frage konnte in der Politikwissenschaft noch kein verbindlicher Konsens hergestellt werden. Somit gestaltet sich auch die Formulierung einer allgemein gültigen Definition von Rechtsextremismus als schwierig. Salzborn macht in seiner Einleitung auf diese Problematik aufmerksam und stellt heraus, dass es „konkurrierende, sich ergänzende oder widersprechende, teilweise auch sich ausschließende Erklärungsansätze für Rechtsextremismus gibt."[5]

Ausgehend der Analyse verschiedener Definitionen zum Thema Rechtsextremismus in der vorhandenen Literatur, (Butterwegge, Decker/ Bräher, Lenk und Verfassungsschutz[6]) schließen wir uns in dieser Arbeit der der Schlussfolgerung Spetsmann-Kunkels an, der die rechtsextremistische Weltanschauung folgendermaßen konkretisiert: „Unter Rechtsextremismus wird eine gewaltverherrlichende,

---

[3] Jaschke (2001: 24).

[4] Jaschke (2001: 25).

[5] Salzborn (2015: 10).

[6] Vgl. Spetsmann- Kunkel (2017: 12).

männlichkeitsdominierte, autoritär demokratiefeindliche Ideologie sozialer Ungleichheit/ Ungleichwertigkeit verstanden, die rassistische und antisemitische Einstellungen sowie einen übersteigerten Nationalismus impliziert."[7]

In einem ersten Schritt wurden der rechtsextremen Weltanschauung spezifische Elemente zugeordnet. In einem zweiten Schritt soll das Verhältnis von Theorie und Praxis näher erläutert werden:

> Auf welche Weise führen rechtsextreme Einstellungen und Vorstellungen zu spezifischen sozialen und/ oder politischen Handeln?" (Salzborn 2015, S.13). In diesem Zusammenhang stellt sich die Frage, welche Phänomene im Einzelnen dem Rechtsextremismus zuzuordnen sind: „Ausschließlich die Gewalttaten von Neonazis? Oder Parteien und Bewegungen, die sich historisch positiv auf den Nationalsozialismus oder auf faschistische Bewegungen beziehen? Oder alle Organisationen, die wesentliche Elemente des rechtsextremen Weltbildes teilen? Oder auch Gruppen, die sich mit funktionaler Rolle wie ein Scharnier zwischen Neonazis und politischer Mitte bewegen? Oder darüber hinaus Organisationen, die sich selbst im konservativen Milieu verorten, aber faktische zentrale Elemente rechtsextremer Weltanschauung vertreten?"[8]

Um Salzborn Frage zu beantworten bedienen wir uns der eingangs formulierten Definition der rechtsextremistischen Weltanschauung und bringen diese in Verbindung mit beobachtbaren Handlugen in der Lebenswelt. Die von Salzborn angeführten Beispiele unterscheiden sich zwar in ihrer Struktur und Auftreten, dennoch liegt allen Phänomenen die rechtsextremistische Ideologie als verbindendes Element zu Grunde.[9] Rechtsextremismus kann also als Gesamtheit von:

> Einstellungen, Verhaltensweisen und Aktionen, organisiert oder nicht, [gewaltsam oder nicht verstanden werden, d. Verf.] die von der rassisch oder ethnisch bedingten sozialen Ungleichheit der Menschen ausgehen, nach ethnischer Homogenität von Völkern verlangen und das Gleichheitsgebot der Menschenrechtsdeklarationen ablehnen, die den Vorrang der Gemeinschaft vor dem Individuum betonen und, von der Unterordnung des Bürgers unter die Staatsräson ausgehen und die den Werptepluralismus einer liberalen Demokratie ablehnen und Demokratisierung rückgängig machen wollen.[10]

---

[7] Spetsmann- Kunkel (2017: 12).

[8] Salzborn (2015: 10).

[9] Vgl. Butterwegge (2002: 26).

[10] Jaschke (2001: 30).

Die Hauptstruktur dieser Arbeit dient der Analyse des Parteienspektrums am rechten Rand. Daher bietet es sich an, die unter dem Sammelbegriff „Rechtsextremismus" beschriebenen Verhaltensweisen, Einstellungen und Aktionen nach ihrem Organisationsgrad zu differenzieren. Die Politikwissenschaft unterscheidet an dieser Stelle, „kleinere, meist kurzlebige und nur schwach institutionalisierte rechtsextremistische Gruppen und Vereinigungen mit hohem Organisationsgrad."[11] Rechtsextreme Parteien sind der zweiten Gruppierung zuzuordnen und verfolgen ein politisches Programm, auf dessen Grundlage sie politisch aktiv werden. Bei den kleineren Gruppierungen handelt es sich meist um spontane, provozierende und auch gewaltsame Aktionen, die als Ausdruck wachsendender Unzufriedenheit mit den bestehenden politischen Verhältnissen, oder der eigenen persönlichen Situation gedeutet werden können.[12] Eine weitere Differenzierung betrifft die Legalität rechtsextremistischer Aktivitäten. Während kleine Zusammenschlüsse mit Volksverhetzung und Gewaltaktionen die rechtlichen Grenzen überschreiten, bewegen sich rechtsextremistische Parteien überwiegend im legalen Bereich und versuchen das demokratische System von innen auszuhöhlen.[13]

Ausgehend von der ideologischen Weltanschauung und den Erscheinungsformen von Rechtsextremismus, wird abschließend das dieser Arbeit zugrundeliegende Verständnis von rechtsextremistischen Parteien näher erläutert: Eine rechtsextremistische Partei ist eine stark institutionalisierte Gruppierung, mit dem Ziel die Demokratie von innen auszuhöhlen. Als Handlungsanweisung dient das politische Programm, das von gewaltverherrlichenden, männlichkeitsdominierten, autoritären, demokratiefeindlichen, rassistischen, nationalistischen, antisemitischen, Ungleichheit betonenden, Themen bestimmt ist und diese ideologische Überzeugung offen zur Schau stellen.

2.2 Was ist Rechtspopulismus?

„Populistische Parteien sind Protestparteien." Ihre Wählerschaft sind frustrierte ehemaligen Nichtwählern, die den etablierten Parteien einen Denkzettel verpassen wollen."[14] Diese These entspricht der allgemeinen Vorstellung darüber, was Populistische Parteien auszeichnet. Doch entspricht das der Realität, oder gibt es noch

---

[11] Deutscher Bundestag (2006: 7).
[12] Vgl. Deutscher Bundestag (2006: 7).
[13] Vgl. Deutscher Bundestag (2006: 7).
[14] Vgl. Lewandowsky (2015: 128).

andere wichtige Aspekte, die in der begrifflichen Annäherung berücksichtig werden müssen. Um die Frage zielgerichtet beantworten zu können, sollen im ersten Schritt der Begriff „Populismus" erklärt werden.

„Alle Versuche, das Phänomen des Populismus auf den Punkt zu bringen haben immer wieder gezeigt, dass es zu komplex, kontextabhängig und veränderlich ist, um in knappen Definitionen erfasst zur werden."[15] Der Fehlende wissenschaftliche Konsens darüber, was unter Rechtspopulismus bzw. Populismus verstanden wird, hat weitreichende Folgen für tagespolitische Geschehen, die mediale Berichterstattung und die Bürger: „Medien berichten über Populisten und der von ihnen drohenden Gefahr. Politiker verwenden den Begriff als Schimpfwort und diskutieren den Umgang mit Populisten [...] Andere wiederum weisen darauf hin, dass Populismus ein notwendiges Stilmittel sei, welches der Medienlogik folgende Kommunikation beschreiben würde. Und hin und wieder wird Populismus sogar als Auszeichnung verstanden."[16]

Trotz dieser divergierenden Ansichten darüber, was Populismus auszeichnet, existiert ein wissenschaftlicher Konsens über den ideologischen Kern der populistischen Ideologie. Dieser geht davon aus, dass zwischen Volk und Elite ein Spalt entstanden ist, der die Bürger immer mehr vom politischen Geschehen entfernt. Dieser Entwicklung kann nur entgegengesteuert werden, indem das Interesse der Bürger wieder ins Zentrum des politischen Geschehens gerückt wird.[17]

Neben diesem primären Merkmal finden sich in der Literatur diverse Sekundärmerkmale, welche jedoch nicht unumstritten sind.

Eines dieser Charakteristika ist das Verhältnis von Populismus zur Ideologie. Tim Houwen betrachtet Populismus als eine Kombination von ideologischen Elementen, Metaphern, Stilelementen und der politischen Praxis. Ein weiteres Merkmal konkretisiert den Begriff „Volk" in der populistischen Ideologie. Demnach betrachten Populisten das Volk als eine homogenes Kollektiv, das bestimmte Werte vertritt und dessen Interessen sich nicht sonderlich unterscheiden. Somit sei das Volk auch besser in der Lage das politische Geschehen zu lenken: „Der gesunde Menschenverstand des Volkes, bilde einen besseren Maßstab für politische Entscheidungen

---

[15] Meyer (2006: 81).

[16] Wolf (2017: 1).

[17] Lucardie (2011: 19).

als das technokratische Fachwissen der Elite. Dagegen sei die Elite immer bösartig, korrupt, trügerisch und verschwörerisch."[18] Zwangsläufig schließt sich an dieser Stelle der vierte Punkt an, demnach die Populisten die indirekte, parlamentarische Demokratie durch eine plebiszitäre Demokratie ersetzen wollen. Das fünfte Kriterium stelle die These auf, dass der Populismus eine ethnische oder politische Minderheit benötigt, die für aktuelle Krisenerscheinungen verantwortlich gemacht werden kann. Gleichzeitig werfen Populisten den etablierten Parteien vor, diese Outgroups gegenüber dem eigenen Volk zu privilegieren.[19]

2.2.1 Analyseschema von Tanja Wolf

All diese Verständnisarten von Populismus sind berechtigte Ansätze. Tanja Wolf hat in ihrem Werk „Rechtspopulismus" eine dreistufige Definition von (Rechts)populimus entwickelt, die diese Sekundärvariablen berücksichtigt und in ein korporatives Verhältnis setzt.[20]

2.2.2 Populismus als rhetorischer Stil

Neutral betrachte ist Populismus ein rhetorischer Stil in der politischen Kommunikation. Ziel dieser Kommunikationsform ist der Austausch mit dem Volk. Innerhalb der Gesellschaft soll das Gefühl geweckt werden, dass der Politiker im Namen des Volkes spricht. Demzufolge bedient sich jeder Politiker, als verantwortungsvoller Demokrat notwendiger Weise populistischer Elemente.[21] Ein immer wiederkehrendes Merkmal populistischer Rhetorik ist das Prinzip der Vereinfachung. So werden komplexe politische Phänomene vereinfacht dargestellt und Halbwahrheiten bzw. Vermutungen als Fakten präsentiert. Die Welt wird in Schwarz und Weiß, bzw. Freund und Feind aufgeteilt. Aufgrund dieser bewussten Reduktion von Informationen versuchen die Populisten mit vermeidlich einfachen Lösungsvorschlägen, die Gunst der Wähler für sich zu erobern. Die thematische Orientierung erfolgt anhand dessen, was die Gesellschaft gerade beschäftigt. Aufgrund dieser Assimilierung an die Bedürfnisse der Gesellschaft, wird ein eigenes politisches Programm überflüssig. Stattdessen werden Stilmittel wie Verschwörungstheorien und gezielte Tabubrüche, Gewaltmetaphern und Angstmachte verwendet, um die politischen

---

[18] Lucardie (2011: 20).

[19] Lucardie (2011: 22).

[20] Wolf (2017: 7).

[21] Vgl. Wodak (2015).

Debatten emotional aufzuladen.[22] Emotionalisierung und „common sense" Argumente treten an die Stelle von Ratio und schlüssigen bzw. überprüfbaren Argumenten. Wie oben bereits angeführt, bedienen sich alle politischen Parteien populistischer Rhetorik. Entscheidend ist jedoch, in welchem Ausmaß das parteiliche Profil, von den oben beschriebenen Aspekten geprägt ist.[23]

2.2.3 Populismus als (dünne) Ideologie

Die populistische Ideologie verleiht dem Populismus sein inhaltliches Profil.

> „Populism is a gerneral protest against the checks and balances introduced to prevent the people`s` direct rule. The beginning of modern populism was a radical understanding of democracy as goverment by the people, beyond the distriction between majority and minority, beyond limitations the people are told to respect."[24]

Im Zentrum der populistischen Ideologie steht also das Wirkungsgefüge zwischen dem Volk und den Eliten, wobei davon ausgegangen wird, dass die Politik vom korrupten Establishment bestimmt wird und das Volk als demokratischer Souverän entmündigt wird. Alle anderen wesentlichen Themen der Populisten, sind diesem zentralen Konflikt untergeordnet.[25]

Entgegen dem Prinzip des Pluralismus wird das Volk im Populismus als homogene Einheit klassifiziert (schweigende Mehrheit, der kleine Mann, die anständigen Bürger), welches sich gegen die, ihnen feindlich gesinnte Elite (Berufspolitiker, Banken und Großunternehmer) behaupten muss.[26] Dabei werden die heterogenen Interessen und vielfältigen Konflikte einer pluralistischen Gesellschaft ignoriert und mit dem Begriff des „Volkes", als ehrliche, vernünftige, hart arbeitende, anständige und politisch mündige Bürgerschaft moralisch aufgeladen. Der Populismus transformiert somit individuelle Differenzen in ein kollektives Identitätskonzept. Dieser kollektiven Identität steht nun das korrupte und egoistische Bestreben der Elite gegenüber, welche dem Volke ihrer Souveränität berauben möchte. Die

---

[22] Vgl. Rensmann (2006: 66).

[23] Wolf (2017: 7).

[24] Pelinka (2013: 3).

[25] Geden (2005: 78).

[26] Vgl. Rensmann (2006: 64).

ideologische Ausrichtung des Populismus wirkt somit moralisierenden und kann dadurch, wie zuvor schon, erwähnt auf feste Programmatik verzichten.[27]

2.2.4 Rechtspopulismus

Bisher wurde der rhetorische Stil sowie die dünne Ideologie des Populismus erläutert. Der Rechtspopulismus greift nun den inhaltlichen Aspekt der Gesinnung auf und bildet somit eine „ideologisch –programmatische Position."[28]

Der Zielkonflikt zwischen Volk und Elite bildet wie im Populismus auch, den zentralen Aspekt der rechtspopulistischen Ausrichtung. Hat die populistische Ideologie das Volk mit seinen Attributen moralisch aufgeladen, ergänzt der Rechtspopulismus den Begriff um eine kulturell-ethnische Ebene.

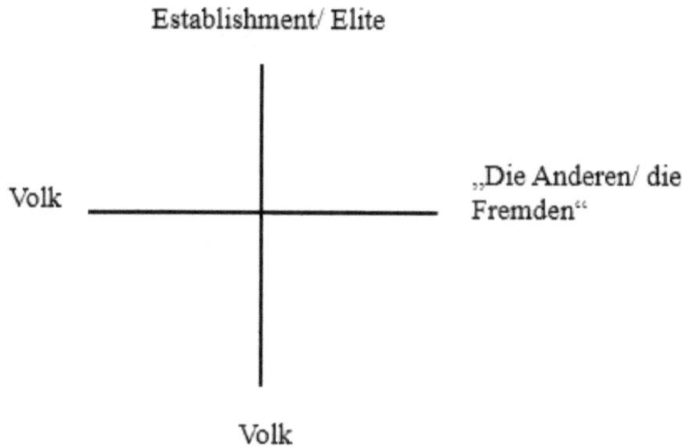

Abbildung 1: Vertikale und horizontale Abgrenzung des Rechtspopulismus (Klein 2011, S. 19)

Auf der X- Achse wird zwischen Personengruppen differenziert, welche sich dem Volk zuordnen lassen und Jenen, deren Zugehörigkeit verneint wird. Ein Alleinstellungsmerkmal zur Unterscheidung zwischen „Volk" und „Anderen" gibt es in der rechtspopulistischen Ideologie nicht. Vielmehr erfolgt eine Differenzierung anhand von Abstammung, ethnischer Zugehörigkeit und religiöser Orientierung. Neben Ausländern, religiösen und kulturellen Minderheiten, können auch institutionelle

---

[27] Rensmann (2006: 64).
[28] Wolf (2017: 12).

Organisationen wie die Europäische Gemeinschaft oder die Globalisierung an die Position der „Fremden" treten.

Das rechtspopulistische Verständnis als Volk dient der Identitätsfindung und ermöglicht eine klare Abgrenzung zu Eliten, Ausländern und anderen äußeren Kräften.[29]

Gegen „Fremde"	Gegen „Außen"
Gegen Einwanderer Gegen Minderheiten	Gegen die Europäische Gemeinschaft Gegen die Globalisierung Sozialprotektionismus

Abbildung 2: Horizontale Orientierung nach Gegen Fremde und nach Außen
(Klein 2011, S. 22)

All die opportunen Gruppen die unter dem Begriff „Fremden und Anderen" zusammengefasst werden, gefährden das „Volk" als homogene Gemeinschaft, indem sie versuchen die ethnokulturellen Werte der Volksgemeinschaft zu beeinflussen.[30] Wie die populistischen Themen auf vertikaler und horizontaler Ebene ineinandergreifen soll exemplarisch am Beispiel der Einwanderungsproblematik kurz erläutert werden: Auf vertikaler Ebene ist das Establishment für die Einwanderungsproblematik verantwortlich. Die etablierten Parteien weigern sich jedoch zu handeln und ignorieren damit systematisch die Sorgen der Bürger. Die daraus resultierende Masseneinwanderung verstärkte nun die innergesellschaftlichen sozialen Differenzen. Rechtspopulisten nehmen diese Entwicklung als Ausgangspunkt und machen auf die Gefährdung der nationalen Identität, Sicherheit und den Erhalt des Wohlfahrtsstaats aufmerksam. Die Migrationsproblematik wird von den Rechtspopulisten instrumentalisiert, um zum einen Kritik an der Elite zu üben und zum anderen Muslime und Immigranten als Feindbilder zu deklarieren.[31]

Zusammenfassend lässt sich feststellen, dass sich der Rechtspopulismus in erster Linie durch seine zweifache Abgrenzung, also vom Volk zu Elite auf der einen, und Volk und Fremden auf der anderen Seite definieren lässt. Mittels der klaren Abgrenzung des Volkes von der Elite auf der einen und Ausländern und sonstigen

---

[29] Wolf (2017: 13).
[30] Vgl. Klein (2011: 19 ff.).
[31] Wolf (2017: 15).

Randgruppen auf der anderen Seite, präsentiert der Rechtspopulismus der Bevölkerung Sündenböcke, die für jegliche Missstände in der Gesellschaft verantwortlich gemacht werden können.[32]

2.3 Abgrenzung Rechtsextremismus und Rechtspopulismus

Wie in den vorangegangenen Kapiteln schon erläutert, existieren ideologische Schnittmenge zwischen Rechtsextremismus und Rechtspopulismus. Betrachtet man beispielsweise die politischen Strategien und Stilmitteln, lassen sich offensichtliche Gemeinsamkeiten feststellen: Freund-Feind-Denken, rigide Abgrenzung, Sprache mit Gewaltmetaphern, Verschwörungstheorien, Betonung des verratenen Volkes und eine antipluralistische Einstellung.[33]

Typisch für das rechtsextreme Weltbild ist eine geschlossene und homogene Struktur. In der Folge werden im Rechtsextremismus keinerlei Widersprüche zugelassen und politische Angelegenheiten stets auf Grundlage der rechtsextremen Grundeinstellung beantwortet.[34] Die Ideologieform der rechtspopulistischen Parteien hingegen, erscheint weniger geschlossen, flexibler und anpassungsfähiger.[35] Dies wird besonders dann deutlich, wenn man sich das Verhältnis von rechtsextremistischen bzw. rechtspopulistischen Parteien zum politischen System betrachtet. Während die Rechtspopulisten eine Anti-Establishment Position einnehmen, besteht das Bestreben der Rechtsextremisten darin, dass politische System an sich zu verändern. Auch die Unterschiede zwischen den poltisch-strategischen Ausrichtung lassen sich in diesen Zusammenhang einordnen. Die Rechtspopulisten kritisieren die liberale Demokratie mit ihren repräsentativen Elementen und fordern mehr plebiszitäre Einflussmöglichkeiten, sind aber nicht außerhalb des politischen Spektrums anzusiedeln, wie das bei den Rechtsextremisten der Fall ist.[36]

---

[32] Wolf (2017: 16).

[33] Rensmann (2006: 68).

[34] Vgl. Salzborn (2015: 20).

[35] Mudde (2002), zitiert nach Rensmann (2006: 66).

[36] Rensmann (2006: 68).

	Extremismus	*Populismus*
Ideologieform	geschlossen, anti-pluralistisch, Ablehnung liberaler Demokratie	ideologische Flexibilität kollektive Identitätspolitik anti-pluralistische und anti-liberale Elemente
Systemposition	Anti-System-Haltung	„Anti-Establishment"-Haltung (systemimmanent)
institutionelle Vorstellungen	Diktatur / autoritäre Herrschaft	Formen direkter Demokratie Stärkung präsidentieller Elemente Schwächung der Gewaltenteilung

Abbildung 3: Extremismus und Populismus
(Rensmann 2006, S. 69)

Ein weiteres wichtiges Unterscheidungsmerkmal das besonders mit der deutschen Historie in Verbindung steht, ist der Umgang mit der Geschichte der NS-Zeit. Rechtsextreme Parteien präferieren aufgrund ihres völkischen Weltbildes eine Politik der Derealisierung und Verharmlosung, um das eigene Handeln zu legitimieren. Rechtspopulistische Parteien teilen diese Form der historischen „Entkontextualisierung" nicht.[37]

---

[37] Salzborn (2015: 27).

3 Fragestellung, Gegenstand und Untersuchungsperspektive

Das Ziel der vorliegenden Masterarbeit besteht darin die Bedingungen herauszuarbeiten, unter welchen es den rechtspopulistischen Parteien in Europa gelingt dauerhaft erfolgreich zu sein. Aus diesem Grund drängt sich die folgende Fragestellung in den Vordergrund: Welche Faktoren bedingen den Erfolg von rechtspopulistischen Parteien in der Vergangenheit und in der Gegenwart? Von dieser Fragestellung ausgehend werden vier verschiedene Länderanalysen durchgeführt, die sich wiederum an einzelnen rechtspopulistischen Parteien ausrichten. In diesem Zusammenhang sind die rechtspopulistischen Parteien in ihren jeweiligen Ländern als Untersuchungsgegenstand anzusehen. Die Analyse konzentriert sich dabei auf den Front National in Frankreich, die Partei für die Freiheit in den Niederlanden, die Alternative für Deutschland in Deutschland und die Freiheitliche Partei Österreichs in Österreich. Durch diese Konstellation gelingt es uns, die Erfolgsbedingungen von zwei etablierten rechtspopulistischen Parteien, Front National und die Freiheitliche Partei Österreichs, mit zwei verhältnismäßig jungen rechtspopulistischen Parteien zu vergleichen. Während der Front National 1972 und die FPÖ 1952 gegründet wurden, gründete sich die PVV erst 2006 und die AFD hingegen erst im Jahre 2013. Damit eine zielgerichtete Analyse stattfinden kann, benötigt die Untersuchung ein Kategoriensystem, mit dessen Hilfe der Erfolg rechtspopulistischer Parteien objektiv analysiert werden kann. Ziel der Untersuchung sollte es nicht sein, die Gründe für den Erfolg rechtspopulistischer Parteien in einem engen Begriffssystem zu vereinheitlichen, sondern ihre Besonderheiten im institutionellen, politisch, kulturellen und diskursiven Kontext zu erfassen. Aus dieser Analyse heraus können dann Schlüsse gezogen werden, mit denen die Unterschiede und Gemeinsamkeiten der rechtspopulistischen Parteien hinsichtlich der Fragestellung erklärt werden können. Dies bedeutet, dass die ausgewählte Untersuchungsperspektive ein möglichst breites Spektrum mit allen wichtigen Variablen erfassen muss. Grundlegend hierbei ist also eine breit angelegte Basis an unabhängigen Variablen, welche direkt oder indirekt die abhängige Variable, den Erfolg rechtspopulistischer Parteien beeinflussen. Um die abhängige Variable erfassen zu können, muss zunächst definiert werden, was unter einer erfolgreichen Partei zu verstehen ist.

Oskar Niedermayer beschreibt ein Modell, mit dessen Hilfe der Erfolg neuer Parteien im Parteiensystem gemessen werden kann.[38] Innerhalb des Modells wird der Erfolg einer Partei durch Karrierestufen abgebildet, wobei sich Parteien in unterschiedlichen Lebenszyklen befinden können. Damit ist es zu erklären, dass Parteien auf der Karriereleiter nicht nur aufwärts, sondern auch abwärts klettern können und sich deshalb in einem dynamischen System befinden.[39] Pedersen unterschied in seinem „lifespan-Modell" vier unterschiedliche Karrierestufen. Die erste Karrierestufe wird als „declaration" bezeichnet und ist dadurch gekennzeichnet, dass sich die politische Gruppe zur Teilnahme an der Wahl entscheidet. Auf der zweiten Stufe der „authorization" wird die jeweilige Partei zur Wahl zugelassen, während sie auf der dritten Ebene bereits im Parlament vertreten ist. Hier spricht Pederson von „representation". In der höchsten Karrierestufe verfügt die Partei dann über Koalitionspotenzial („coalition potential") oder Erpressungspotenzial („blackmail potential").[40] Demnach sind parlamentarisch vertretene Parteien irrelevant, wenn sie kein Koalitionspotenzial besitzen und für keine mögliche Koalitionsmehrheit in Frage kommen. Diesen Parteien kommt aber eine gewisse Relevanz zu, wenn sie das Potenzial besitzen andere Parteien zu erpressen. Das heißt, wenn es dieser Partei gelingt, durch ihre bloße Existenz im Parlament oder durch gewisse Themensetzungen, die Parteitaktik der anderen Parteien zu beeinflussen.[41] Niedermayer kritisiert an dieser Kategorisierung, dass es bei der Frage nach dem Koalitionspotenzial einer Partei zu Operationalisierungsschwierigkeiten kommen kann. In diesem Zusammenhang moniert er die ungenaue Bestimmbarkeit der Koalitionsfähigkeit einer Partei durch die anderen im Parlament vertretenden Parteien. Um dieses Problem zu umgehen, verbindet er die parlamentarische Relevanz der Partei mit ihrer Möglichkeit eine minimale Gewinnkoalition zu bilden. Diese Koalitionsform ist dann erreicht, wenn die Mehrheit der Sitze im Parlament sicher sind und kein Koalitionspartner mathematisch überflüssig ist. Vor diesem Hintergrund wird eine Partei dadurch relevant, dass sie generell in Koalitionsüberlegungen anderer Parteien miteinbezogen werden muss. Das heißt diese Parteien werden in ihrer Koalitionsentscheidung durch sie im positiven oder negativen Sinne beeinflusst.[42] Weiterhin sieht Niedermayer im Vorhandensein von Koalitions- oder

---

[38] Vgl. Niedermayer (2013: 7 ff.).

[39] Vgl. Niedermayer (2013: 7 ff.).

[40] Vgl. Pederson (1982: 6f.).

[41] Vgl. Sartori (1976: 122f.).

[42] Vgl. Niedermayer (2013: 8).

Erpressungspotenzial nicht die höchste Stufe der Karriereleiter. Seiner Ansicht nach ist diese erst mit der Regierungsübernahme erreicht. Aufgrund dieser Modifikationen misst er den Erfolg politischer Parteien auf sechs Karrierestufen:

1. Wahlteilnahme (Zuerkennung der Parteieigenschaft durch die Zulassung zu einer Parlamentswahl)
   Bundesrepublik Deutschland: Zulassung zu einer Landtags- oder Bundestagswahl
   Republik Österreich: Zulassung zu einer Landtags- oder Nationalratswahl
   Frankreich: Zulassung zu einer Nationalversammlungswahl
   Niederlande: Zulassung zur Wahl der zweiten Kammer

2. Wettbewerbsbeeinflussung (die Existenz oder Aktivitäten der Partei führen zu Reaktionen anderer Parteien im Parteienwettbewerb. Die neue Partei erhält damit parteistrategische Relevanz für ihre Konkurrentinnen)

3. Parlamentarische Repräsentation (Einzug in ein Parlament, dies ist der Indikator für elektorale Relevanz, d. h., für die Unterstützung durch einen relevanten Teil der Wählerschaft)
   Bundesrepublik Deutschland: Einzug in einen Landtag oder in den Bundestag
   Republik Österreich: Einzug in einen Landtag oder in den Nationalrat
   Französische Republik: Einzug in die Nationalversammlung
   Niederlande: Einzug in die zweite Kammer

4. Koalitionsstrategische Inklusion oder erreichen der Stichwahlen
   Bundesrepublik Deutschland/Republik Österreich/Niederlande: Mit der Partei können rein rechnerisch minimale Gewinnkoalitionen gebildet werden. Damit erhält die Partei gouvernmentale Relevanz, d.h., sie wird in Überlegungen zur Regierungsbildung einbezogen
   Französische Republik: Die Partei erreicht die Stichwahl bei den französischen Präsidentschaftswahlen

5. Regierungsbeteiligung (die Partei wird als Juniorpartner an einer Regierung beteiligt).
   Bundesrepublik Deutschland: Juniorpartner in einer Landes- oder Bundesregierung
   Republik Österreich: Juniorpartner in einer Landes- oder Bundesregierung
   Französische Republik: Die Partei stellt einen Minister
   Niederlande: Juniorpartner im nichtständigen Teil der Regierung

6. Regierungsübernahme (die Partei stellt die Regierungschefin/den Regierungschef und hat damit die höchste Stufe ihrer Karriere erreicht).
   Bundesrepublik Deutschland: Die Partei stellt einen Ministerpräsidenten oder die Bundeskanzlerin/den Bundeskanzler

Republik Österreich: Die Partei stellt einen Landeshauptmann/eine Landes-
hauptfrau oder den Bundeskanzler/die Bundeskanzlerin
Französische Republik: Die Partei stellt den Präsidenten oder den Ministerpräsidenten
Niederlande: Die Partei stellt den/die Ministerpräsidenten/in

(modifiziert nach Niedermayer 2013, S. 9)

Anhand dieser Karrierestufen lässt sich also prinzipiell der Erfolg politischer Parteien im Parteiensystem einordnen. Dieses Schema ermöglicht es, den Erfolg
rechtspopulistischer Parteien aktuell und zu einem bestimmten Zeitpunkt in der
Vergangenheit zu quantifizieren. So kann beispielsweise bestimmt werden, wann
eine rechtspopulistische Partei ihren parteipolitischen Höhepunkt hatte und in
Verbindung mit dem Untersuchungsraster, die Bedingungen analysiert werden, die
zu diesem Erfolg beigetragen haben. Man muss jedoch berücksichtigen, dass diese
Einteilung keinen Aufschluss über die Erfolgsbedingungen gibt. Zu diesem Zweck
wird nun ein Analyseraster entwickelt, mit welchem das Erreichen oder das Nicht-
erreichen einer bestimmten Karrierestufe erklärt werden kann.

Um die Erfolgsbedingungen rechtspopulistischer Parteien erklären zu können,
empfiehlt es sich, politische Parteien als Teilnehmer des politischen Wettbewerbsmodells zu begreifen. Hierbei gibt es eine politische Nachfrageseite, der ein politisches Angebot gegenübersteht, wobei beide Seiten von den Rahmenbedingungen
beeinflusst werden.[43] Dennoch kann der Erfolg rechtspopulistischer Parteien nicht
auf das Zusammenspiel von Angebot und Nachfrage reduziert werden. Komplettiert wird dieses Marktmodell des politischen Wettbewerbs durch einen erweiter-
ten Ansatz der politischen Gelegenheitsstrukturen. Diese Erweiterung wurde unter
der Berücksichtigung von diskursiven Elementen von Kopmans und Statham ver-
fasst.[44] In einem ersten Schritt werden zunächst die Elemente der Angebots- und
Nachfrageseite erläutert, welche sich am Untersuchungsmodell von Oskar Niedermayer ausrichten. Im weiteren Verlauf werden dann die politischen Gelegenheitsstrukturen beleuchtet und ihr Mehrwert für die Untersuchung herausgestellt.

---

[43] Vgl. Niedermayer (2013: 13ff.).
[44] Vgl. Kopmans/ Statham (1999).

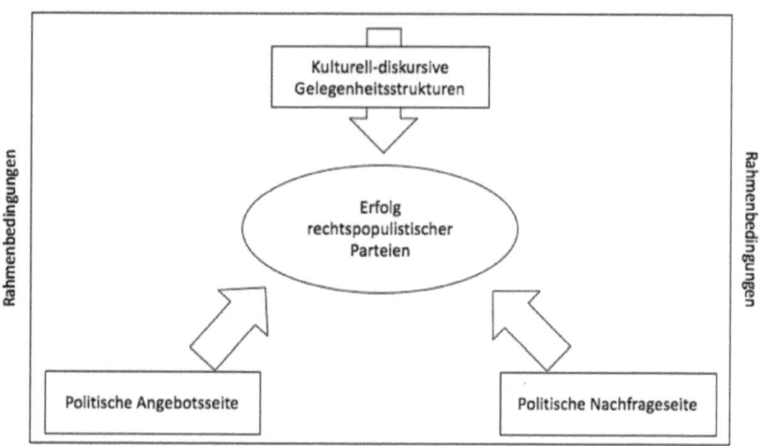

Abbildung 4: Marktmodell des politischen Parteienwettbewerbs
(eigene Darstellung nach Niedermayer 2013 und Kopmans/Statham 1999)

Wie bereits erwähnt, bedient sich Niedermayer zu diesem Zweck einem Konzept der Erfolgsbedingungen, welches sich auf eine Angebotsseite, Nachfrageseite und die Rahmenbedingungen des politischen Wettbewerbs reduziert.[45] Auf der Angebotsseite beeinflussen dabei übergeordnet die folgenden drei Faktoren den Erfolg einer neuen Partei. Zuerst die Ressourcen einer Partei und ihrer Konkurrentinnen, also die Organisationsstruktur, ihre Mitglieder, das Führungspersonal, die finanzielle Ausstattung und die Strategiefähigkeit. Weiterhin spielt die Strategie der Partei im Verhältnis zu ihrer Konkurrenz eine Rolle, wobei Faktoren wie die inhaltliche und organisatorische Strategie zur Akquise neuer Wähler und die strategischen Maßnahmen der Konkurrenzparteien gegenüber der neuen Partei. Abschließend sind auf der Angebotsseite die inhaltlichen Politikangebote der Partei und ihrer Konkurrenz relevant. Hierbei wird die Haltung zu einzelnen relevanten Themen und die Verortung der Partei auf den wesentlichen Konfliktlinien der Gesellschaft untersucht.[46] In Bezug auf die Nachfrageseite gewinnen die Verhaltensweisen und Orientierungen der wahlberechtigten Bevölkerung an Relevanz. Dabei wird das Ausmaß und die Stärke der langfristigen Parteibindung, die generelle Parteienorientierung, die politische Orientierung gegenüber einzelnen Themen und die

---

[45] Vgl. Niedermayer (2013: 9-11).
[46] Vgl. Niedermayer (2013: 10).

Orientierung gegenüber dem politischen Spitzenpersonal analysiert. Zusätzlich ergänzt wird diese Seite durch die Existenz, die Veränderung und die Herausbildung zentraler gesellschaftlicher Konfliktlinien, welche sozialstrukturell verankert sind und auf unterschiedlichen Wertorientierungen beruhen.[47] Ergänzend dazu spielen die Rahmenbedingungen eine Rolle, welche den politischen Wettbewerb beeinflussen und somit auch den Erfolg einer Partei tangieren. An dieser Stelle werden rechtliche Rahmenbedingungen, wie das Parteienrecht und das Wahlrecht interessant. Auch ein föderalistischer oder unitaristischer Staatenaufbau sowie die Unterstützung durch die Medien, Verbände und soziale Bewegungen bedingen den Erfolg politischer Parteien. Auch Entwicklungen auf ökonomischer, sozialer, demographischer, innen- und außenpolitischer, ökologischer sowie technologischer Ebene, die Verhaltens- und Orientierungsweisen der Bürger beeinflussen, übertragen sich laut Niedermayer auch auf die Strategien der Parteien.[48]

Politikwissenschaftliche Ansätze zur Analyse rechtspopulistischer Parteien stützen sich auf die politischen Gelegenheitsstrukturen. Unter den politischen Gelegenheitsstrukturen (Political Opportunity Structures) werden strukturelle Möglichkeiten verstanden die von sozialen Bewegungen genutzt werden können. Diese Methode wurde ursprünglich in der Forschung zu sozialen Bewegungen angewandt. In diesem Zusammenhang sollten politische Gelegenheitsstrukturen erklären, warum es zu unterschiedlichen Mobilisierungserfolgen verschiedener Bewegungen kommt, auch wenn andere Konstanten nahezu identisch sind. Das Untersuchungsraster von Ruud Koopmans und Paul Statham unterscheidet dabei zwischen politisch-institutionellen und politisch-diskursiven Gelegenheitsstrukturen. Im ersten Teil der Analyse werden also dabei die formal-institutionellen Strukturen und Restriktionen, die politischen Machtkonfigurationen sowie die strategischen Interaktionen zwischen den neuen Parteien und den etablierten Parteien untersucht. Dieser Teil der Gelegenheitsstrukturen deckt sich mit der Angebots- und Nachfrageseite des politischen Wettbewerbsmodells, wie es von Niedermayer formuliert wurde. Zur Erweiterung unseres Untersuchungsschemas sind die diskursiven Elemente entscheidend. Innerhalb der politisch diskursiven Ebene werden die diskursiven Interaktionen zwischen den Parteien und innerhalb der Öffentlichkeit aufgeschlüsselt und ihr Einfluss auf die politische Mobilisierungskraft offengelegt.[49] Dabei wird

---

[47] Vgl. Niedermayer (2013: 10 f.).
[48] Vgl. Niedermayer (2013: 11).
[49] Vgl. Koopmans/ Statham 1999: 227ff.).

eine weitere Aufteilung in die kulturellen Gelegenheitsstrukturen, bei denen kulturelle Muster, Mentalitäten und Ideologeme untersucht werden. Ergänzt wird dieses Faktorenset durch die diskursiven Gelegenheitsstrukturen, wobei kontemporäre Legitimitäts- und Opportunitätsrahmen des politischen Diskurses in der Öffentlichkeit ihre Berücksichtigung finden.[50] In diesem Zusammenhang wird zwischen drei grundlegenden Bestandteilen diskursiver Gelegenheiten unterschieden, der Sichtbarkeit, der Resonanz und der Legitimität. Unter dem Gesichtspunkt der Sichtbarkeit ist indes die Repräsentation der politischen Parteien in den Massenmedien von Bedeutung. Dabei bemisst sich die öffentliche Relevanz einer Partei an ihrer Präsenz in den Massenmedien. Deshalb konkurrieren politische Akteure mit ihren Botschaften untereinander um Sendezeiten, wodurch sie die Aufmerksamkeit der breiten Bevölkerung erlangen möchten. Anschließend daran ist die Resonanz wichtig. Das bedeutet, inwieweit eine gewisse politische Botschaft in den Massenmedien eine Reaktion hervorruft. Wird sie von den Zeitungen kommentiert? Werden die politischen Akteure in Talkshows eingeladen, um ihren Standpunkt zu vertreten? Wie fällt die Reaktion der anderen politischen Akteure auf diese Botschaft aus oder gibt es keine öffentliche Reaktion? An dieser Stelle können auch prominente Personen als eine Art Relevanzkatalysator dienen. Letztendlich sind auch eine öffentliche Ablehnung und eine große Empörung in der Öffentlichkeit ein strategisches Mittel, um die Relevanz der Botschaft zu erhöhen und somit auch die Sichtbarkeit der Partei in der Öffentlichkeit zu vergrößern. Daran schließt sich der dritte Punkt an, die Legitimität. Die politischen Akteure möchten als integre Personen wahrgenommen werden, deren Absichten eine gewisse Zustimmung in der breiten Öffentlichkeit erfahren sollen. Hierbei wird also das Verhältnis zwischen den Unterstützern und den Gegnern der Botschaft in der Öffentlichkeit relevant. Dennoch werden Botschaften mit zu breiter Zustimmung in den Medien vernachlässigt, weil sie keine Kontroversität bieten. Häufig werden dabei besonders kontroverse Thesen in den Massenmedien überproportional behandelt und bieten eine größere Sichtbarkeit und Resonanz.[51]

Aus diesen drei übergeordneten Faktorensets konstruiert sich unser Marktmodell des politischen Wettbewerbs, anhand dessen wir den unterschiedlichen Erfolg rechtspopulistischer Parteien erklären wollen. Hieraus lässt sich dann ableiten,

---

[50] Vgl. Rensmann/ Hagemann/ Funke (2011: 31f.).
[51] Vgl. Nestler/ Rohgalf (2014: 396).

weshalb rechtspopulistische Parteien in Frankreich und Österreich bereits seit Jahren erfolgreich

sind, rechtspopulistische Parteien in den Niederlanden und Deutschland aber erst in den letzten Jahren in das politische Parteienspektrum stoßen. Zur besseren Übersicht werden die zentralen Variablen, an denen sich die Analyse ausrichtet, nochmals einheitlich dargestellt.

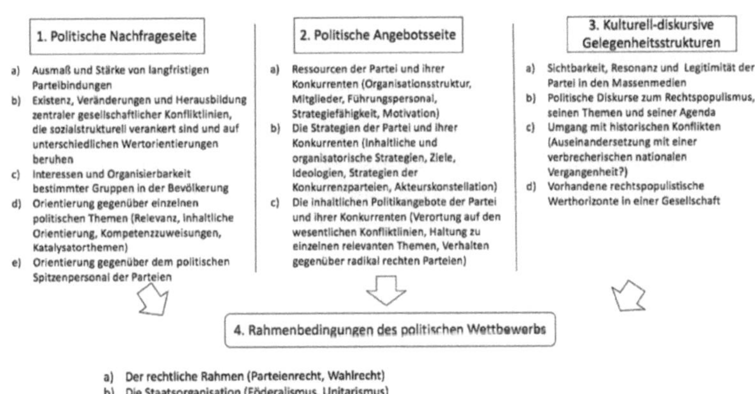

Abbildung 5: Untersuchungsmodell
(eigene Darstellung nach Niedermayer 2013, Rensmann, Hagemann und Funke 2011 und Kopmans/Statham 1999)

In diesem Zusammenhang ist es wichtig darauf hinzuweisen, dass nicht alle Variablen eine Rolle spielen müssen. Weiterhin können sich einige Variablen im Verlauf der Zeit wandeln. Auch die einzelnen Dimensionen politische Angebots- und Nachfrageseite, kulturell-diskursive Gelegenheitsstrukturen und die Rahmenbedingungen des politischen Wettbewerbes interagieren in einem interdependenten System untereinander. Dies bedeutet, dass beispielsweise Veränderungen im Bereich der Rahmenbedingungen wiederum Veränderungen in den anderen Dimensionen hervorrufen können, aber nicht müssen. Um die Operationalisierung abzuschließen wird an dieser Stelle die Hypothese formuliert, deren Beantwortung sich die folgenden Teile der Arbeit widmen:

Es gibt keinen Unterschied zwischen den primären Erfolgsfaktoren in der Vergangenheit und der Gegenwart.

4 Gleichheit oder Unterschied – Die politischen Biografien rechtspopulistischer Parteien in Europa

4.1 Politische Biografie der Freiheitlichen Partei Österreichs

Am 8. April 1956 wurde Anton Reinthaller auf dem Gründungsparteitag zum Bundesparteiobmann der Freiheitlichen Partei Österreichs gewählt. Die formelle Registrierung der Partei wurde jedoch bereits am 3. November 1955 vorgenommen. Die ideologische Ausrichtung der damaligen FPÖ spiegelt sich in ihrem Bundesobmann wieder. Reinthaller war ehemaliges NSDAP Mitglied und im Seyß-Inquart tätig, welches die Eingliederung Österreichs an das Deutsche Reich als legitimen Akt erscheinen ließ. Weiterhin wurde er Staatssekretär in der Rechtsregierung unter Adolf Hitler und bekam den Ehrenrang eines SS-Generals verliehen.[52] Im Fokus der Partei standen also deutsch-nationale Themen, was sich bis in die 1960er Jahre fortführte. Sie repräsentierte den Teil der österreichischen Gesellschaft, der sich immer noch mit dem Nationalsozialismus identifizierte. In der österreichischen Öffentlichkeit wurde die FPÖ deshalb als eine Art Ghetto-Partei angesehen. Aus diesem Grund erreichte sie bei den österreichischen Nationalratswahlen nicht mehr als 7% der Stimmen und war parlamentarisch isoliert.[53] In den 1970er Jahren begann dann ein erster Wandel in der Partei. In der Endphase der Ära Friedrich Peter und besonders unter der Leitung von Norbert Steger (1979-1986) wurde eine größer werdende Distanz zwischen der FPÖ und nationalsozialistischen Ideologien erkennbar. Auf europäischer Ebene gab es einen Schulterschluss mit den liberalen Parteien und auch auf nationaler Ebene konnte die FPÖ ihre erste Regierungsbeteiligung mit der SPÖ verzeichnen.[54]

Die liberale Öffnung der Partei führte intern zu Konflikten, sodass 1986 Jörg Haider von der parteiinternen Opposition zum Obmann gewählt wurde. Als Reaktion darauf kündigte die SPÖ die Koalition auf und es wurden vorgezogene Neuwahlen angesetzt. Unter Haider änderte sich die Strategie der FPÖ. Sie wollte nicht mehr als koalitionsfähig gelten und von den anderen Parteien akzeptiert werden, sondern verstand sich als Opposition dem gesamten System gegenüber. In dieser Zeit avancierte die Partei ,geführt von ihrem charismatischen Anführer, zum Prototyp der

---

[52] Vgl. Bundeszentrale für politische Bildung (2017b).
[53] Vgl. Decker (2015: 93).
[54] Vgl. Hartleb (2011: 268).

rechtspopulistischen Parteien in Europa. Sie machte mit fremdenfeindlichen Aussagen und einer Mobilisierung gegen das politische Establishment auf sich aufmerksam. Besonders im Rahmen des EU-Beitritts 1994 wurden medienwirksame fremdenfeindliche Auftritte inszeniert.[55] Das Hauptaugenmerkt der Partei lag auf einer restriktiven Einwanderungspolitik und auf einer Befreiung von der NS-Schuld. Dieses Kernanliegen wurde als „Mut zur Freiheit" angesehen und von der FPÖ in den Medien propagiert.[56] 1999 stieg die FPÖ mit dieser Themensetzung als zweitstärkste Kraft bei den Nationalratswahlen auf. Mit 26,9% ließ sie die Österreichische Volkspartei (ÖVP) hinter sich. Aufgrund der scheiternden Koalitionsverhandlungen zwischen der Österreichischen Volkspartei und der Sozialdemokratischen Partei Österreichs (SPÖ), kam es zur Koalition zwischen der ÖVP und der FPÖ. Auf europäischer Ebene sorgte dieses Regierungsbündnis, aufgrund der Fremdenfeindlichkeit der FPÖ, für einen Boykott der bilateralen Beziehungen zwischen den übrigen EU-Mitgliedsstaaten und Österreich. Mit der Amtseinführung von Wolfgang Schüssel im Februar als neuen Bundeskanzler, Haider verzichtete, traten die angekündigten Sanktionen von EU-Seite in Kraft, wurden aber bereits im September wieder aufgehoben.[57] Haider war wegen der ablehnenden internationalen Resonanz gezwungen seinen Parteivorsitz und die Vizekanzlerschaft niederzulegen. Nachfolgerin war Susanne Riess-Passer. Unter ihrer Führung passte sich die FPÖ der liberalen Regierungspolitik der ÖVP an, was jedoch intern zu Spannungen führte und 2002 in vorgezogenen Neuwahlen endete. Die FPÖ sank in der Wählergunst auf 10% der Stimmen und erlitt somit eine deutliche Wahlniederlage. Trotzdem ließ sie sich erneut auf eine Koalition mit der erstarkten ÖVP (42,3%) ein.

Haider etablierte 2005 eine eigene Partei „Das Bündnis Zukunft Österreich", welche nach seinem Tod 2008 jedoch in die politische Bedeutungslosigkeit fiel.[58] Heinz-Christian Strache führt die FPÖ wieder zu rechtspopulistischen Themen zurück. Er galt als Haiders Ziehsohn und gewann den Kampf um die Position des Parteiobmanns gegen seinen ehemaligen Mentor. Mit Wahlparolen wie „Wien darf nicht Österreich werden" und „Daham statt Islam" kehrte die FPÖ unter Strache inhaltlich

---

[55] Vgl. Bundeszentale für politische Bildung (2017b).
[56] Vgl. Rensmann/ Hagemann/ Funke (2011: 218f.).
[57] Vgl. Berkel (2006: 101).
[58] Vgl. Decker (2015a: 101ff.).

wieder zur Wahlkampfstrategie der 1990er Jahre zurück.[59] Aufgrund der Rückbesinnung auf klassische rechtspopulistische Themen gewann die Partei in den kommenden Nationalratswahlen wiederum an Zuspruch. 2008 konnte sie 17,5% der Wählerstimmen, 2013 sogar 20,5% der Wählerstimmen auf sich vereinen. Zu einer erneuten Regierungsbeteiligung kam es aber nicht, sodass es jeweils zu einer großen Koalition zwischen ÖVP und SPÖ kam. Wegen unüberwindbaren Streitigkeiten in der aktuellen Regierungskoalition kam es am 15. Oktober 2017 wiederum zu vorgezogenen Nationalratswahlen. Die FPÖ unter Strache wurde mit 26 Prozent drittstärkste Kraft im Land.[60]

Eine weitere parteiprägende Persönlichkeit stellt aktuell Norbert Hofer dar. Er ging als FPÖ Kandidat zur Bundespräsidentenwahl 2016 an den Start und erhielt im ersten Wahlgang 35% der Stimmen. Damit konnte er im ersten Wahlgang die meisten Stimmen auf sich vereinen. Zweitplatzierter wurde der unabhängige Kandidat Alexander van der Bellen mit 21,3%. Abgeschlagen dahinter die Kandidaten der beiden Großparteien mit nur 11% der Stimmen. Nachdem Norbert Hofer am 22.05.2016 Van der Bellen unterlag, wurde die Wahl von der FPÖ wegen Unstimmigkeiten bei der Briefwahlauszählung angefochten. In der finalen Stichwahl konnte sich Van der Bellen mit 51,6% der Stimmen gegenüber Norbert Hofer durchsetzen. Sowohl Norbert Hofer als auch Heinz-Christian Strache werden immer wieder Verbindungen zu Rechtsextremisten und zu pangermanistischen Burschenschaften nachgesagt.[61]

Die Freiheitliche Partei Österreichs lässt sich aktuell anhand der zentralen Punkte in Kapitel 2 als rechtspopulistisch einordnen. Ab 1986 unter ihrem Parteiobmann Jörg Haider verfolgt sie eine rechtspopulistische Strategie und grenzt sich auch heute noch auf der vertikalen Ebene gegen das politische Establishment von SPÖ und ÖVP ab. Ausgenommen davon ist der Zeitraum von 2000 bis 2006. Hier musste sich die FPÖ aufgrund der Regierungsbeteiligung mit einem Teil des politischen Establishments (ÖVP) koalieren. Spätestens mit der Wahl von Heinz-Christian Strache zum Parteiobmann kehrte die FPÖ zur Anti-Establishment Politik zurück und mobilisierte gegen die große Koalition aus SPÖ und ÖVP. Desweiteren grenzt die FPÖ auf der horizontalen Ebene das eigene Volk gegen „die Anderen" ab. Sie setzt

---

[59] Vgl. Hartleb (2011: 271f.).
[60] Vgl. Die Presse (2017).
[61] Vgl. Süddeutsche Zeitung (2016).

sich für eine restriktive Einwanderungspolitik ein und sieht in dem Zustrom an Asylbewerbern eine Migration in das österreichische Sozialsystem.[62] Weiterhin setzt sie sich für einen Ethnopluralismus ein und fordern deshalb ein Europa der Vielfalt, lehnen also eine Vermischung der Völker ab.

4.2 Politische Biografie des Front National

Der Front National wurde im Jahre 1972 unter der Führung von Jean- Marie Le Pen gegründet. Das Ziel der Neugründung bestand darin, die zerstreuten Anhänger früherer rechtsextremistischer Gruppen zu sammeln und unter einem Dach zu vereinen. Einen ersten politischen Achtungserfolg konnte man im Juni 1984 bei den Wahlen zum Europaparlament erzielen. Die Partei erhielt unter der Führung von Jean- Marie Le Pen 11 Prozent der Stimmen. Im Jahre 1986 konnte bei der Wahl zur Nationalversammlung, mit 9,7 Prozent der Stimmen erste Erfolge auf nationaler Ebene erzielt werden.[63] In den folgenden Jahren verzeichnete die Partei Wahlerfolge auf allen Ebenen: Kantonalwahlen 1985, 8,7 Prozent der Stimmen, Kantonalwahlen 1994, 9,9 Prozent der Stimmen. Bei den Kommunalwahlen 1995 setzten sich bei der Kandidatur um das Bürgermeisteramt in Toulon, Orange und Marignane, jeweils der Kandidat des Front National durch. Auch bei den Wahlen zur Nationalversammlung konnte sich die Partei weiter steigern: 1988 wieder 9,65 Prozent, 1993, 12,5 Prozent, 1997, 15,1 Prozent und 2002, 14,4 Prozent. Den politischen Schwerpunkt setzte Jean-Marine Le Pens bei den Präsidentschaftswahlen. So markierten die Wahlen 2002 den Höhepunkt seiner Karriere, als er mit 16,9 Prozent der Stimmen das zweitbeste Ergebnis erzielte und in der Stichwahl gegen Jacques Chirac antrat.[64]

Die Partei war anfangs ein Zusammenschluss aus heterogenen Strömungen, die aus unterschiedlichen historischen Erfahrungen entstanden waren.[65] Neben der „ethno-nationalistischer Fremdenfeindlichkeit" und der „Kritik am französischen System", verfügte der Front National nie über eine einheitliche Programmatik. Ein Teil des politischen Erfolgs ist also der „Tribunenfunktion" zuzuschreiben. Zwischen 1985 und 2002 stimmten viele Bürger für den Front National, um ihren

---

[62] Vgl. Freiheitliche Partei Österreich (2017).

[63] Vgl. Tümmers (2006: 155).

[64] Tümmers (2006: 155).

[65] Vgl. Schmid (2009).

Unmut gegenüber der Regierung zum Ausdruck zu bringen. (Parti Socialiste, Rassemblement pour la Repouplique und Union pour un Mouvement Populaire).[66] Als Reaktion auf den wachsenden Zuspruch für rechtsextremistischen Einstellungen, kam es zu Absprachen zwischen den etablierten Parteien mit dem Ziel, den Front National vom politischen Geschehen zu isolieren.[67]

In den Jahren nach der verlorenen Präsidentschaftswahl von 2002, durchlief die Partei einen regelrechten Erosionsprozess. Gründe hierfür waren zum einen die ungeklärte Nachfolge des Parteivorsitzenden. Zum anderen sah man sich im Jahre 2007 mit einer Regierung unter Präsident Sarkozys konfrontiert, deren konservative Politik weite Teile des rechten Flügels bediente.[68] Den politischen Tiefpunkt erreichte die Partei bei den Parlamentswahlen 2007, als man lediglich 4,29 Prozent der Stimmen auf sich vereinigen konnte.[69]

Nach der Wahl Marine Le Pens zur Parteivorsitzenden im Jahre 2011, schlug der Front National moderatere Töne an, um sich aus der politischen Isolation zu befreien und mögliche Bündnisse mit dem rechtskonservativen Lager eingehen zu können.[70] Die ideologische Ausrichtung unter Marine Le Pen konzentrierte sich neben dem zentralen Thema der „Identität" auf folgende Einstellungen: „Ablehnung der Zuwanderung, Verlangen nach Sicherheit und der Forderung nach einer verbesserten Kaufkraft". Ausdruck fanden die Gesinnungen beispielweise in Forderungen nach gesetzlichen Regelungen, die nur Franzosen den Zugang zum Sozialsystem gewähren, oder französische Staatsbürger bei der Vergabe von Wohnungen und Arbeitsplätzen bevorzugen. Marine Le Pen sprach mit diesem Themen-Setting weite Teile der französischen Bevölkerung an und war so in der Lage die Partei wieder in die Erfolgsspur zu bringen: Bei den Parlamentswahlen 2012 erhielt die Partei mit 13,6 Prozent dreimal so viel Stimmen wie bei den Nationalratswahlen zuvor. Zwei Jahre später, standen im Mai 2014 die Europawahlen an. Hier konnte man mit 24,9 Prozent das beste Ergebnis aller französischen Parteien erzielen.[71] Den wohl größten Erfolg der Parteigeschichte erreichte Le Pen bei den

---

66 Camus (2015: 25).
67 Vgl. Tümmers (2006: 155).
68 Vgl. Schmid (2009).
69 Vgl. Kempin (2017a).
70 Vgl. Bizuel (2015: 59).
71 Vgl. Kempin (2017a).

Präsidentschaftswahlen im Jahre 2017, als 21.5 Prozent der Franzosen für Marine Le Pen als zukünftige französische Präsidentin stimmten. In der zweiten Wahlrunde waren es sogar 34,5 Prozent. Sie musste sich jedoch ihrem Konkurrenten Emmanuel Macron geschlagen geben. Dennoch etablierte sich der Front National in den vergangenen Jahren als dritte Politischen Kraft in Frankreich.[72]

Auch wenn der Front National unter Jean Maire Le Pen an vielen Stellen der Literatur als rechtsextremistisch eingestuft wird, beziehen wir ihn in die Analyse der rechtspopulistischen Parteien mit ein. Hierfür gibt es verschiedene Gründe: Der Front National vermied während Wahlkampfkampagnen jegliche Form von offenen Rassismus und positiven Bezug zum Faschismus. Darüber hinaus bediente er sich einer demagogischen Rhetorik. Man positionierte sich gegenüber dem korrupten Regime und präsentierte sich als nationale, soziale und volksnahe Rechte. Zwar können gewissen Strömungen des Front National rechtsextreme Gesinnung nachgesagt werden, dennoch lässt das Auftreten der Partei eine Einstufung als rechtspopulistische Partei zu.[73] Die Strategie der öffentlichen Präsentation als moderate Rechte, wurde mit dem Amtsantritt Marine Le Pens noch weiter verschärft.

Die Unterscheidung des Front National zwischen dem Volk und den Anderen wird besonders am Beispiel der Sozialpolitik deutlich. Hier fordert die Partei eine „nationale Bevorzugung" von Franzosen gegenüber Einwanderern. Auf vertikaler Ebene kritisiert Le Pen sowohl das Verhalten der nationalen Regierungen, macht aber zudem die europäischen Entscheidungsprozesse und die Missstände bei der Kontrolle der EU- Grenzen für die Überfremdung und die steigende Terrorgefahr verantwortlich. Der Front National hat sich im Laufe der Jahre zu einer „klassischen" rechtspopulistischen Partei entwickelt.

4.3 Politische Biografie der Alternative für Deutschland

Mit Konrad Adam, Alexander Gauland und Bernd Lucke, gründeten drei ehemalige Christdemokraten 2012 die politische Aktionsgruppe „Wahlalternative 2013". Aus dieser politischen Aktionsgruppe heraus konstituierte sich am 6. Februar 2013 die Partei Alternative für Deutschland. Dennoch ist die Partei nicht aus dem Nichts entstanden. Schon vor ihrer Gründung gab es ein breites Vorläufernetzwerk wie der

---

[72] Vgl. Tagesschau (2017).
[73] Deze (2012: 43), zitiert nach Chwala (2015: 48).

Hayek-Gesellschaft, die Initiative Neue Soziale Marktwirtschaft und das fundamental-christliche Kampagnennetzwerk Zivile Koalition, welches von Beatrix von Storch gegründet wurde.[74] Grund für die Bildung dieser Aktionsgruppe war die Unzufriedenheit mit der Kanzlerin, Dr. Angela Merkel, welche am Morgen des 25.03.2010 versprochen hatte, niemals den Finanzhilfen für Griechenland ihre Zustimmung zu geben. Diese Zusicherung wurde am Nachmittag desselben Tages gebrochen. Deshalb beschlossen die oben genannten Initiatoren aus der CDU auszutreten und ihre eigene Partei aufzubauen.[75] Kernthema dieser Partei war zunächst die kontrollierte Auflösung der Währungsunion und eine Absage an eine weitere Vertiefung des europäischen Integrationsprozesses. Diese Kernforderungen hatten eine aussichtsreiche Plattform in der Gesellschaft, weil in der damaligen Regierung und dem Parlament überwiegend Einigkeit über die Zustimmung zu den EU-Finanzhilfen herrschte. Schon durch den Namen drückt die neu entstandene Partei ihre gegensätzliche Position zur Kanzlerin Merkel aus, die ihr Handeln häufig als alternativlos bezeichnete.[76] Obwohl Bernd Lucke als Aushängeschild der Partei galt, wurde bei der Gründungsversammlung eine dreiköpfige Spitze bestehend aus Konrad Adam, Frauke Petry und Bernd Lucke zum Vorstand gewählt. Bei der Bundestagswahl 2013 erreichte die neu gegründete Partei aus dem Stegreif 4,7% der Stimmen und scheiterte damit knapp an der Fünf-Prozent-Hürde.[77] Doch bereits bei den Europawahlen im Mai 2014 konnte die Partei mit 7,1% der Stimmen in das Europaparlament einziehen. Heute ist die AfD in 13 Landtagen vertreten, jedoch an keiner Landesregierung beteiligt. Trotz ihres kometenhaften Aufstiegs gab es schon nach kurzer Zeit innerparteiliche Strömungskonflikte, um die zukünftige Ausrichtung der Partei. Hierbei konkurrierten unterschiedlichen Kursrichtungen, die durch die Parteispitzen vertreten wurden. Bernd Lucke war Verfechter einer liberalen Strömung, die konservative Seite wurde von Alexander Gauland vertreten, wohingegen der rechtspopulistische Flügel von Björn Höcke repräsentiert wurde. Die Partei öffnete seine Ränder im Jahr 2014 immer weiter nach rechts, wodurch viele Liberale der Partei den Rücken kehrten. Aus diesem Grund entbrannte ein Führungsstreit, innerhalb dessen Bernd Lucke versuchte durch den parteiinternen Verein, Weckruf 2015, die AfD wieder auf seine ursprüngliche Bahn

---

[74] Vgl. Decker (2015a: 76f.).
[75] Vgl. Decker (2016: 14f.).
[76] Vgl. Hartleb (2017: 100).
[77] Vgl. Wolf (2017: 28).

zu lenken.[78] Zeitgleich brach dem wirtschaftsliberalen Flügel der politische Boden unter den Füßen weg. Im Verlauf der Euro-Krise hat sich das Griechenlandproblem auf die Frage eines Griechenlandaustritts, „Grexit", reduziert. Nun wurde ein möglicher Austritt von der Regierung als ernsthaftes Szenario diskutiert, womit das Kernthema der wirtschaftsliberalen AfD von der Regierung adaptiert wurde.[79] Spätestens 2015 verschob sich das Kernanliegen der Partei hin zu rechtspopulistischen Themen. Die terroristische Bedrohung durch den Islamischen Staat und der unkontrollierbare Zustrom an Flüchtlingen und Asylbewerben wurde fortan das rechtspopulistische Hauptanliegen der AfD. Dieser Rechtsruck wurde durch den Essener Parteitag besiegelt. Die Bemühungen des Professors Bernd Lucke, den alleinigen Parteivorsitz gegen seine Gegenkandidatin Frauke Petry zu behaupten, scheiterten. Lucke erlitt eine krachende Niederlage bei der er lediglich 38% der Stimmen erhielt, wohingegen Frauke Petry mit 60% die Wahl zur „ersten Sprecherin" gewann. Daraufhin verließ Lucke und große Teile des liberalen Flügels die Partei.[80] Obwohl die neue Parteispitze in Person von Frauke Petry und Jörg Meuthen auf die unveränderte Programmatik der AfD hinwiesen, war der Rechtsruck unverkennbar. Aus den rasant ansteigenden Flüchtlingszahlen im Jahr 2015 konnte die AfD politisches Kapital schlagen und somit ihrer Partei ein neues Profil verleihen. Dadurch konnte sie bei den Landtagswahlen in Ostdeutschland und Westdeutschland beachtliche Erfolge erzielen. In Sachsen-Anhalt erhielt sie über 24% der Stimmen und konnte sich in Baden-Württemberg mit über 15% als drittstärkste Kraft etablieren. Doch parallel zum Rückgang der Flüchtlingszahlen und der restriktiveren Flüchtlingspolitik der etablierten Parteien sanken auch die Wahlerfolge der Alternative für Deutschland bei den Landtagswahlen 2017. Dennoch übersprang sie bei allen Landtagswahlen 2017 die Fünf-Prozent-Hürde, blieb aber unter der 10% Marke.[81]

Aktuelle polarisiert die AfD durch innerparteiliche Streitigkeiten und Skandale. Jüngst machte Björn Höcke durch eine ablehnende Bemerkung über das Holocaust-Mahnmal in Berlin, wobei er eine „erinnerungspolitische Wende um 180 Grad" forderte, landesweit Schlagzeilen.[82] Aktuell läuft deshalb ein von Frauke Petry

---

[78] Vgl. Wolf (2017: 28f.).
[79] Vgl. Decker (2016: 80f.).
[80] Vgl. Bebnowski (2016: 25ff.).
[81] Vgl. Bundeszentrale für politische Bildung (2017a).
[82] Vgl. Frankfurter Allgemeine Zeitung (2017a).

initiiertes Parteiausschlussverfahren gegen ihn. Die Zerstrittenheit der Partei äußerte sich auch am Kölner Bundesparteitag vom 22. und 23. April. Frauke Petry sah die Zukunft ihrer Partei in einem realpolitischen Kurs, um für andere Parteien als möglicher Koalitionspartner in einer Regierung in Frage zu kommen. Zur Behandlung dieses Antrages kam es jedoch nicht, weil die Parteitagsdelegierten dies ablehnten. Deshalb verfolgt die Partei nun weiterhin einen fundamentaloppositionellen Kurs. Besiegelt wurde diese Ausrichtung mit der Wahl von Alexander Gauland zu einem der beiden Bundestagsspitzenkandidaten, welcher innerparteilich als größter Kritiker Petrys gilt. Zudem wurde Alice Weigel als Spitzenkandidaten ernannt, womit die Doppelsitze für die Bundestagswahl 2017 komplettiert ist.[83]

Anhand der zentralen Punkte, wie sie in Kapitel Zwei beschrieben sind, lässt sich die Alternative für Deutschland eindeutig als rechtspopulistische Partei einordnen. Bei ihrer Gründung war sie eine single-issue Partei, die sich überwiegend mit dem EU-Austritt und Euro beschäftigte. Ab 2014 und spätestens mit dem Eintritt der Flüchtlingsproblematik entwickelte sie sich dann zur rechtspopulistischen Partei. Übertragen auf unsere Rechtspopulismus Definition ist dies an folgenden Punkten erkennbar. Zunächst grenzt sie sich auf der horizontalen Ebene das eigene Volk gegenüber den Anderen beziehungsweise den Ausländern ab. So versucht sie islamophobische Vorstellungsbilder in der Gesellschaft zu verankern. Weiterhin soll „das Überleben des deutschen Volkes" durch die drei-Kinder-Familie gesichert werden.[84] Zudem wird auf der vertikalen Ebene das eigene Volk gegenüber den Eliten abgegrenzt. In diesem Zusammenhang versteht sich die AfD als Partei, welche die schweigende Mehrheit vertritt. Dabei werden die Bürger als Untertanen der etablierten Parteien angesehen, die von der politischen Elite vernachlässigt werden. Hierbei suggeriert ihr Name schon, dass sie sich als Alternative zu dem politischen Establishment sieht und die Interessen des „kleinen Mannes" vertritt.

---

[83] Vgl. Bundeszentrale für politische Bildung (2017a).
[84] Vgl. Bebnowski (2016: 8).

4.4 Politische Biografie der Partei für die Freiheit

Geert Wilders verließ im September 2004 die konservativ-liberale „Volkspartij voor Vrijheid en Democratie" (Volkspartei für Freiheit und Demokratie, VDD) und gründetet im Februar 2006 die PVV (Partei für die Freiheit).[85]

Zu Beginn seiner politischen Karriere war Wilders zwar ein klarer Befürworter der US-Kriege gegen den Terror, distanzierte sich jedoch von Ansichten, die alle Muslime unter Generalverdacht stellten. Während seiner Amtszeit bei der VDD, sorgte Pim Fortuyn mit einem islamkritischen Programm im Herbst 2001 für viel Aufsehen. Neun Tage nach der Ermordung Fortuyns, erlangte die Partei am 6. Mai 2002 17 Prozent der Wählerstimmen und wurde zur zweistärksten Partei in den Niederlanden gewählt. Wilders verlor in dieser Zeit seinen Parlamentssitz, erkannte jedoch das große Wählerpotential von islamkritischen- und sicherheitspolitischen Themen. Nach seiner Rückkehr ins Parlament präsentierte sich Wilders als Erbe Pim Fortuyns und forderte radikales Vorgehen gegen Menschen, die die Sicherheit der Niederlande gefährdeten. Als er im Jahre 2004 einen liberalen Dschihad gegen die wachsende Bedrohung durch den Islam forderte, war seine Position in der VDD nicht mehr zu halten.[86]

Mit der Neugründung der PVV versuchte Wilders Teile des öffentlichen Diskurses in ein parteipolitisches Programm zu überführen. Die ideologische Ausrichtung der Partei basiert auf folgenden vier zentralen Säulen: Islam-Alarmismus, Populismus, Nationalismus sowie Recht und Ordnung. Dier erste Säule beschreibt den Islam als totalitäre Ideologie, mit dem Ziel die Welt zu erobern und alle anderen Religionen zu unterwerfen. Diese Bestrebungen manifestieren sich in der steigenden Anzahl von Terroranschlägen in Europa, der stetig hohen Arbeitslosigkeit bei Muslimen und der Ghettoisierung/ Islamisierung alter Stadtviertel. Die zweite Säule schließt sich diesem Argumentationsmuster an und behauptet, dass die herrschende Elite die wachsende Islamisierung dulde und damit blind sei für die Kriminalisierung und die Gefährdung der liberalen niederländischen Werte. Die populistische Ideologie wird sogar Teil des Parteiprogramms in dem es heißt, dass nicht die politischen Eliten, sondern die Bürger häufiger die Gelegenheit erhalten sollten, ihre Meinung zum Ausdruck zu bringen. Die dritte Säule betont die nationalen Interessen und kritisiert die zunehmende Abhängigkeit von supranationalen

---

85 Vgl. Vossen (2015: 48).
86 Vgl. Schweighöfer (2017).

Organisationen wie der Europäische Union. Das gesteigerte Nationalbewusstsein soll ebenfalls Auswirkungen auf andere Bereiche der staatlichen Organisation haben. So fordert die PVV, dass der Sozialstaat nur der niederländischen Bevölkerung und ausschließlich Migranten zu Gute kommt, welche mindestens zehn Jahre in den Niederlanden arbeiten und leben. Die letzte Säule plädiert für Recht und Ordnung, mit dem Ziel einer „Null-Toleranz-Kriminalitätsbekämpfung."[87]

Mit dieser auf Integrations- und Migrationsproblematik ausgerichteten Politik gelang es der PVV aus dem Stand bei den Parlamentswahlen 2006, neun der 150 Abgeordnetensitze zu erobern. Auch auf internationaler Ebene hatte die PVV Erfolg. Bei den Europawahlen 2009 wurde sie mit 17 Prozent der Stimme zweitstärkste Kraft in den Niederlanden und zog mit fünf Abgeordneten in Europaparlament ein. Auf nationaler Ebene setzte sich der Erfolgskurs Wilders fort. So konnte sich seine Partei bei den Wahlen am 9. Juni 2010 von 5,9 auf 15,5 Prozent steigern.[88] Das gute Wahlergebnis war Voraussetzung dafür, dass sich Wilders mit einem „Duldungsabkommen" an der Minderheitsregierung, zwischen VVD und CDA als Mehrheitsbeschaffer, beteiligen konnte.[89] Nachdem die Minderheitsregierung bereits nach zwei Jahren aufgelöst wurde, sprachen viele Wähler, Wilders die Fähigkeit ab Regierungsverantwortung zu übernehmen. Die zunehmende Kritik wurde bei den vorgezogenen Parlamentswahlen im Jahre 2012 deutlich. Hier musste die Partei neun ihrer 24 Sitze abtrten. Die PVV konnte sich von diesem ersten Tiefschlag schnell erholen und galt bereits bei den Parlamentswahlen 2017 wieder als Favorit. Diese Erwartungen konnten nicht ganz erfüllt werden, mit lediglich 20 Sitzen mussten man sich der VVD geschlagen geben.[90]

Orientiert man sich an der in Kapitel Zwei erarbeiteten Definition, lässt sich die PVV als rechtspopulistische Partei einstufen. Auf horizontaler Ebene unterscheidet Wilders zwischen den niederländischen Bürgern und Einwanderern, vor denen er die Niederländer schützen möchte. Wilders bedient sich der Islamkritik, um gezielt gegen die Gruppe der „Anderen" Stimmung zu machen. An dieser Stelle schließt sich auch die Kritik bezüglich der Eliten an (vertikale Ebene). Die liberale Politik der etablierten Parteien war die Ursache für die zunehmende Islamisierung. Da diese Entwicklung nicht im Sinne der niederländischen Bevölkerung war, fordert

---

[87] Vgl. Vossen (2015: 49ff.).
[88] Vgl. Schweighöfer (2017).
[89] Reuter (2011: 57).
[90] Vgl. Schweighöfer (2017).

die PVV mehr direktdemokratische Einflussmöglichkeiten, damit Politik im Sinne des Volkes gestaltet werden kann.

5 Die rechtspopulistischen Herausforderung Europas – Fallstudien zum Rechtspopulismus in Österreich, Frankreich, Deutschland und den Niederlanden

5.1 Die Freiheitliche Partei Österreichs – Scheitern im Angesicht der Regierungsverantwortung?

5.1.1 Aufstieg unter Jörg Haider – Die österreichische Konkordanzdemokratie als Katalysator?

Die Analyse zur Freiheitlichen Partei Österreichs konzentriert sich hauptsächlich auf die Wahlergebnisse des Nationalrats, wobei das Karriereleitermodell und das politische Wettbewerbsmodell als Orientierungsrahmen dienen.

Wie im geschichtlichen Abriss der Partei bereits vorgestellt, bestand die FPÖ ursprünglich aus ehemaligen Nationalsozialisten und vertrat deutschnationale Themen. Hierbei gilt der Verband der Unabhängigen (VdU) als Vorgänger, welche bereits nach den Nationalratswahlen 1953 im Parlament vertreten war. 1956 schloss sich der VdU der neu gegründeten Freiheitlichen Partei Österreichs an. Interessant im Rahmen dieser Masterarbeit ist vor allem der Erfolg der Partei, seit ihrer rechtspopulistischen Ausrichtung. Die Profilierung als rechtspopulistische Partei begann mit dem Sturz von Norbert Steger durch den neuen Parteiobmann Jörg Haider. Die unter Norbert Steger liberalisierte FPÖ war zu diesem Zeitpunkt Juniorpartner in der SPÖ-FPÖ Bundesregierung Sinowatz.[91] Somit hatte sie zu diesem Zeitpunkt die fünfte Stufe der Karriereleiter erreicht. Aus welchen Gründen kam es also zur Übernahme Jörg Haiders?

Norbert Steger wurde 1980 zum Bundesparteiobmann gewählt. Bereits sein Vorgänger Friedrich Peter begann mit einer Liberalisierung der FPÖ, um sie salonfähig zu machen. Vor Friedrich Peter galt die FPÖ als Ghetto-Partei und erreichte nie mehr als 7% bei den Nationalratswahlen und war als Koalitionspartner undenkbar. Aus diesem Grund hat die Partei ihr Profil verändert, also ihr politisches Angebot modifiziert (2b, 2c). 1983 übernahm die FPÖ dank der starken Liberalisierung dann erstmals als Juniorpartner Regierungsverantwortung. Doch die vorangetriebene Liberalisierung und die Koalition mit der SPÖ sorgten für interne

---

[91] Vgl. Pelinka (1997: 486).

Komplikationen mit der Parteibasis. Jörg Haider zu dieser Zeit Parteivorsitzender
der Landespartei in Kärnten, sicherte sich die Unterstützung des nationalen Flügels und stürzte Norbert Steger.[92] Es lässt sich also festhalten, dass die FPÖ Partei-
mitglieder mit dem politischen Angebot ihrer Partei nicht mehr zufrieden waren.
Aus diesem Grund unterstützten sie den Strategie- und Ideologiewechsel der Partei, welcher sich in Jörg Haider personifizierte (2a). Jörg Haider wurde innerhalb
der Partei als Vertreter des deutschnationalen Flügels angesehen. Mit ihm begann
der Aufstieg der Partei, die durch ihren liberalen Kurs zwar an der Regierung beteiligt wurde, aber dafür in den Umfragen teils unter die Vierprozenthürde sank.
Durch Jörg Haider avancierte die FPÖ zur Mittelpartei im neuen österreichischen
Parteiensystem. Dabei erfuhr die Partei einen starken Rechtsruck, der auf die Parteiaustritte des liberalen Flügels der FPÖ zurückzuführen ist.[93] Die inhaltlichen Ansichten der FPÖ unter Jörg Haider passten nicht mehr zum Politikangebot der SPÖ,
weshalb die SPÖ die Koalition aufkündigte und Neuwahlen ansetzte.

Der Rechtsruck der Freiheitlichen Partei Österreichs ist also nicht durch die politischen Rahmenbedingungen entstanden, sondern aus der politischen Angebotsseite heraus (2a, 2b, 2c). Sowohl die Mitglieder der Partei, als auch die Nachfrageseite reagierten negativ auf die Liberalisierung. Dies machte sich in stark sinkenden Wahlprognosen bemerkbar. Bei den Nationalratswahlen 1986 konnte Haider das Ergebnis der FPÖ von 5% auf fast 10% verdoppeln. Vier Jahre später, 1990,
konnte die FPÖ wiederum ein neues Rekordergebnis einfahren. Doch auch dieses
Ergebnis wurde 1994 mit 22,5% übertroffen, wodurch man in die Nähe der Großparteien, Sozialdemokratische Partei Österreichs mit 27% und der Österreichischen Volkspartei mit 34%, rückte.[94] Im Rahmen der Karriereleiter machte die FPÖ
unter Haider zunächst einen Schritt zurück. Sie war als Juniorpartner an der Regierung beteiligt und hatte somit bereits die fünfte Stufe erreicht. Dennoch erfuhr die
Partei unter Jörg Haider einen kometenhaften Aufstieg, wobei sie bei den Nationalratswahlen ein Rekordergebnis nach dem anderen einfuhr. Sie verharrte trotz der
Rekordergebnisse bis 1999 in der Opposition und verblieb somit auf der vierten
Karrierestufe.

---

[92] Vgl. Heinisch/ Hauser (2015: 93-94).
[93] Vgl. Urbat (2007: 256).
[94] Vgl. Pelinka (2009: 624).

Wie ist der Aufstieg unter Jörg Haider zu erklären und weshalb blieb die FPÖ von
einer Regierungsbeteiligung ausgeschlossen?

Einer der einflussreichsten Faktoren in diesem Zusammenhang liegt hier auf der
Seite der politischen Angebotsseite begründet (2b). In der Nachkriegszeit wurde
in Österreich eine konsensuale Entscheidungsfindung angestrebt. Hierbei wird
häufig von der österreichischen Konkordanzdemokratie gesprochen. Die Neigung
zur Übereinstimmung in zwischenparteilichen Handlungsweisen, wurden insbesondere durch die SPÖ und die ÖVP repräsentiert. Der politische Wettbewerb
wurde dadurch relativiert, womit auch die Rollenverteilung zwischen Regierung
und Opposition verschwamm. Die der Konkordanzdemokratie inhärente Logik zur
Machtbeteiligungsgarantie führte dazu, dass auch die sich in der Opposition befin-
dende Großpartei an der Macht beteiligt war. In den 20 Jahren, zwischen der ersten
und der zweiten großen Koalition, also zwischen 1966 und 1986 wurde das traditionelle Regierungsverständnis zugunsten eines Konsens zwischen Opposition und
Regierung aufgelöst.[95] Dies äußerte sich beispielsweise bei der Besetzung des Ver-
fassungsgerichtshofes und bei der Personalpolitik im staatlichen Rundfunk sowie
im Fernsehen. Weiterhin wurden Schlüsselpositionen in der staatlichen Industrie
und im Schulbereich beidseitig besetzt. Die Konsensorientierung auf parteipoliti-
scher Ebene fand eine Entsprechung durch die Konsensorientierung auf verbands-
politischer Ebene. Das Modell der österreichischen Sozialpartnerschaft sorgte dafür, dass die Arbeitgeber- und die Arbeitnehmerverbände wichtige wirtschafts-
und sozialpolitische Entscheidungen in ausgeglichener Übereinstimmung trafen.
Die Lohn-Preisabkommen zwischen 1947 und 1951 und die 1957 gegründete Pa-
ritätische Kommission für Lohn- und Preisfragen waren die wichtigsten Ausprä-
gungen dieser Seite der österreichischen Konkordanzdemokratie. Die Sozialpartnerschaft sorgte zusätzlich, zu den auch in diesen Jahren intakten zwischenparteilichen Konsensmechanismen dafür, dass die Oppositionsrolle, die von 1966 bis
1970 der SPÖ und von 1970 bis 1986 der ÖVP zufiel, nicht als Ausschluss von der
politischen Macht empfunden werden musste.[96] Das politische und auch das gesellschaftliche Leben wurde also bis in die 1980er Jahre hinein überwiegend durch die
beiden Großparteien SPÖ und ÖVP bestimmt. Auch Gewerkschaften und Freizeit-
verbände waren an der politischen Elite orientiert. So vereinten die beiden

---

[95] Vgl. Srohmeier (2009: 12ff.).
[96] Vgl. Srohmeier (2009: 12ff.).

Parteien von 1949- 1983 über 80% der Nationalratsstimmen auf sich. Diese Konstellation bot die optimale Grundlage für Nepotismus und Klientelismus.[97] Aus dieser Ausgangssituation heraus, wusste der charismatische neue Parteiobmann Jörg Haider politisches Kapital zu schlagen. Er wandte sich in rechtspopulistischer Manier offensiv gegen die Konkordanzdemokratie und inszenierte die FPÖ als Anti-Establishment Partei (2b).

Der Erfolg der FPÖ ist aber auch durch den starken Rückgang der Stammwählerschaft und einer Zunahme des Wechselwahlverhaltens zu erklären (1a). Das Prestige der Großparteien in der Bevölkerung erodierte zudem wegen zahlreicher Skandale, die von der FPÖ und Haider angeprangert wurden.[98] Schließlich wirkte sich auch der Bedeutungsverlust der Kirche nachteilig auf die ÖVP aus, die ihre Unterstützung bis dato primär aus dem katholischen Milieu geschöpft hatte. Die FPÖ unter Jörg Haider hat es also geschafft, auf der politischen Nachfrageseite neue Konfliktlinien herauszubilden (1d). Die Kritik an der Konkordanzdemokratie hat somit zu einer Veränderung im österreichischen Parteiensystem beigetragen.[99] Um die nach rechts gerückte FPÖ trotzdem aus der Regierungsverantwortung zu halten, vereinbarte die SPÖ und ÖVP eine Art "cordon sanitaire". Mit anderen Worten gingen die beiden Großparteien ein Zweckbündnis ein und schlossen einen Anti-Pakt, wonach eine Koalition mit der FPÖ systematisch ausgeschlossen wurde. Der Grund für die Nichtteilnahme an einer Regierung für die FPÖ im Zeitraum von 1986-1999, liegt also auf der politischen Angebotsseite begründet. Obwohl rein rechnerisch regierungsfähige Koalitionen möglich gewesen wären, wurde die FPÖ aufgrund der Strategie ihrer Konkurrenzparteien systematisch ausgeschlossen (2b). Der Hauptgrund dafür lag in ihrer stark rechtsorientierten Ausrichtung unter Jörg Haider. In der österreichischen Gesellschaft konnte die FPÖ mit ihren Themen jedoch punkten, gerade weil die andauernde und zerstrittene große Koalition optimales Mobilisierungspotenzial bot.

Auf der Ebene der kulturell-diskursiven Gelegenheitsstrukturen, gelang es der Partei, die vorhandenen rechtspopulistischen Werthorizonte in der österreichischen Gesellschaft zu mobilisieren (3c, 3d). Vor diesem Hintergrund bedient Haider das weit verbreitete Schlussstrichbedürfnis gegenüber den Aufarbeitungen der österreichischen NS-Schuld. Unter der Führung von Haider wendet sich die Freiheitliche

---

97 Vgl. Hinisch/ Hauser (2015: 95).
98 Müller (2002: 112ff.).
99 Vgl. Heinisch/ Hauser (2015: 96).

Partei Österreichs offensiv gegen diese Erinnerungskultur und propagiert den
"Mut zur Freiheit". Danach sollte das österreichische Volk, welches laut einer empirischen Studie mit bis zu 75% diese NS-Schuldaufarbeitung ablehnt, von dieser negativen Last befreit werden.[100] Aufgrund dieser Tatsache findet eine rechtspopulistische Partei auf diskursiver Ebene günstige Voraussetzungen vor.

Demzufolge strukturiert die FPÖ unter Haider ihr politisches Angebot so, dass sie sich gegen die herrschenden Eliten stellt und zusätzlich fremdenfeindliche Ressentiments bedient. Der Kontrast zu den beiden Großparteien wird auch an der Frage der EG-Mitgliedschaft deutlich. Obwohl die Freiheitliche Partei Österreichs bis 1992 noch ausdrücklich für eine Mitgliedschaft war, änderte sie ihren Kurs 1993. Sie stellten sich im Gegensatz zu den Großparteien ausdrücklich gegen eine EG-Mitgliedschaft und warnten vor Souveränitätsverlust, Identitätsverlust sowie Vereinheitlichungstendenzen durch den zu erwartenden Integrationsprozess. Zusätzlich offerierte es der FPÖ die Möglichkeit, das Volk weiterhin gegen das politische Establishment bestehend aus SPÖ und ÖVP zu mobilisieren. So erweckte sie in der österreichischen Öffentlichkeit den Eindruck sie sei die einzige „österreichpatriotische" Partei, wohingegen die etablierten Parteien den EU-Integrationsprozess unterstützten.[101]

Aufgrund der vermehrten Asylanträge in Folge der Ereignisse in Rumänien 1989/1990, wurde die Asyldebatte zu einem tragenden Thema in der österreichischen Öffentlichkeit (4c, 3b). Besonders im Voraus des Nationalratswahlkampfs 1990 kam es seitens der FPÖ zu heftigen Ausländerdebatten, sodass es zur Verschärfung des Ausländer- und Asylrechts kam. Die bis dato größte Flüchtlingswelle nach dem Ende des Zweiten Weltkrieges entstand aufgrund des jugoslawischen Zerfalls und den kriegerischen Auseinandersetzungen. Wegen der geografischen Nähe suchten viele Geflüchtete Schutz in Österreich. Zudem stieg die Quote der in Österreich lebenden Personen mit ausländischer Staatsangehörigkeit von 387.000 im Jahr 1989 auf 690.000 im Jahr 1993.[102] Aus diesem Grund schlug die FPÖ nun auch in der Ausländer-, Asyl- und Zuwanderungspolitik restriktive und fremdenfeindliche Töne an. Dazu brachte sie als Oppositionspartei zahlreiche Gesetzesinitiativen ein, welche die auf die Begrenzung oder die Rückführung der

---

[100] Vgl. Rensmann/ Hagemann/ Funke (2011: 219).
[101] Vgl. Frölich-Steffen (2006: 152).
[102] Vgl. Bauer (2008: 7ff.).

Zuwanderung abzielten. Beispielsweise mit einem Gesetz zur Ausländerquote, welche von 8% auf 6% verringert wurde.[103]

Zusammenfassend lässt sich festhalten, dass auch der Aufstieg der FPÖ unter Jörg Haider durch die Konkordanzdemokratie in Österreich, also die Strategie der beiden Großparteien begünstigt wurde (2b, 2c). Diese beeinflusste die Strategie und Verhaltensweisen der Parteien hinsichtlich der Regierungsbildung. Zwar wurde die FPÖ durch den Anti-Pakt zwischen ÖVP und SPÖ so von der Regierungsbildung ausgeschlossen, es bot ihr aber ein optimales Mobilisierungspotenzial und eine Inszenierung als Anti-Establishment Partei. Zudem profitierte sie als rechtspopulistische Partei von den soziokulturellen Ereignissen (4c), also von der Flüchtlingswelle in den 1990er Jahren. Auf Seiten der politischen Nachfrage, begann das Ausmaß und die Stärke der Parteibindung in Bezug auf die SPÖ und ÖVP zu bröckeln (1a). Daraus konnte die FPÖ durch ihren charismatischen Parteiobmann Jörg Haider politisches Kapital schlagen, indem er den Großparteien Nepotismus und Klientelismus vorwarf. Zusätzlich wirkten die erhöhten Zuwanderungs- und Asylzahlen als Katalysatorthema. Auf der politischen Angebotsseite grenzte sich die FPÖ mit ihren Inhalten und ihrer Strategie von den Großparteien ab und besetzte klassische rechtspopulistische Themen (2b), wie die restriktive Einwanderungs- und Asylpolitik. Die kulturell-diskursiven Gelegenheitsstrukturen in der österreichischen Gesellschaft waren dabei denkbar günstig. Rechtspopulistische Werthorizonte sind in der österreichischen Gesellschaft durchaus vertreten (3c, 3d), was durch den Wunsch nach Befreiung von der österreichischen NS-Schuld bestätig wird. Aufgrund dieser Konstellation gelang es der FPÖ ihre Wählerstimmen kontinuierlich zu steigern, aber trotzdem von den beiden Großparteien bei der Regierungsbildung ausgeschlossen zu werden.

5.1.2 Die FPÖ im Spannungsfeld zwischen Regierungsverantwortung und Oppositionspropaganda

Der FPÖ gelang es unter Jörg Haider, sich schrittweise den Wahlergebnissen der beiden Großparteien zu nähern. Bei den Nationalratswahlen 1999 erzielte die FPÖ mit 26,9% ihr bisher stärkstes Ergebnis und ist mit 415 Stimmen Vorsprung vor der ÖVP zweitstärkste Kraft im österreichischen Nationalrat.

---

[103] Vgl. Frölich-Steffen (2006: 152f.).

Partei	Kurzbezeichnung	Stimmen	in %	Mandate
Sozialistische Partei Österreichs	SPÖ	1,532.448	33,2	65
Österreichische Volkspartei	ÖVP	1,243.672	26,9	52
Freiheitliche Partei Österreichs	FPÖ	1,244.087	26,9	52
Liberales Forum - Heide Schmidt	LIF	168.612	3,7	-
Die Grünen - Die Grüne Alternative	GRÜNE	342.260	7,4	14
Kommunistische Partei Österreichs	KPÖ	22.016	0,5	-
Die Unabhängigen - Liste Lugner	DU	46.943	1	-
Nein zu NATO und EU Neutrales Österreich Bürgerinitiative	NEIN	19.286	0,4	-
Christliche Wählergemeinschaft	CWG	3.030	0,1	-

Abbildung 6: Nationalratswahlen vom 3. Oktober 1999
(Bundesministerium für Inneres 2002, S.14)

Für einen zusätzlichen Auftrieb sorgten die gescheiterten Regierungsverhandlungen zwischen der SPÖ und der ÖVP. Hintergründe sind Gerüchte über Parallel-Verhandlungen zwischen ÖVP und FPÖ, Widerstände der SP-Gewerkschaften und die Forderung der ÖVP nach Übernahme des Finanzressorts, wogegen sich die SPÖ wehrte. Die ÖVP fordert zudem, dass alle Beteiligten, auch die Vertreter der Gewerkschaft, für den Pakt stimmen. Metallarbeiter-Gewerkschafter Rudolf Nürnberger weigert sich jedoch, den Pakt zu unterzeichnen. Danach beschließen die FPÖ und ÖVP auch ohne den Auftrag des Bundespräsidenten, Verhandlungen über eine Regierungsbildung aufzunehmen. Am 31.01.2000 konnten sich die FPÖ und die ÖVP auf einen Koalitionspakt einigen und erstatteten dem Bundespräsidenten Bericht. Haider überließ dem Parteiobmann der ÖVP, Wolfgang Schüssel, trotz des besseren Wahlergebnisses die Kanzlerschaft. Ungeachtet massiver Bedenken des Bundespräsidenten Klestil, wurde die ÖVP-FPÖ Regierung im Februar 2000 vereidigt. In Bezug auf das Erfolgsmodell erreicht die FPÖ hiermit die fünfte Erfolgsstufe und ist Juniorpartner in einer Bundesregierung in Österreich.[104] Die FPÖ ist nun als rechtspopulistische Partei in der Regierung angekommen. In ihrer Rolle als Oppositionspartei konnte sie beachtliche Wahlerfolge erzielen, inwieweit kann sie ihren Erfolg als Regierungspartei fortsetzen?

Durch den Regierungseintritt 2000 wurde der FPÖ die Möglichkeit offeriert, ihre jahrelang propagierten Forderungen in die Tat umzusetzen. Die seit 13 Jahren amtierende große Koalition zwischen der SPÖ und ÖVP wurde durch ein schwarz-blaues Bündnis abgelöst. Dabei wurden die Sozialdemokraten nach einer 30 Jahre andauernden Regierungsverantwortung in die Opposition gedrängt. Jörg Haider

---

[104] Vgl. Heinisch/ Hauser (2015: 100f.).

der als Erfolgsgarant der FPÖ galt, verzichtete auf das Amt des Vizekanzlers und gab den Parteivorsitz an seine Ziehtochter Susanne Riess-Passer ab. Eine Regierungsbeteiligung der rechtspopulistischen FPÖ, welche mit Slogans wie „Wir garantieren: Stopp der Überfremdung – Österreich zuerst" Wahlkampf betrieb, wurde nicht nur im Inland kritisch beäugt. Auch auf der europäischen Ebene war die Regierungsbeteiligung der ausländer- und europafeindlichen FPÖ ein umstrittenes Thema. Die übrigen 14 Mitgliedsstaaten sahen darin eine Bedrohung der in Art. 6 Abs. I EUV festgehaltenen Grundprinzipien. Aus diesem Grund beschlossen sie Maßnahmen, welche die bilateralen Beziehungen zwischen den Mitgliedsstaaten und Österreich betrafen. Diese wurden jedoch nach einer Überprüfung durch die Expertenkommission wieder abgeschafft.[105] Oberstes Ziel der FPÖ war es den Reformstau der großen Koalition abzubauen, die verstaatlichte Industrie zu privatisieren und eine Pensionsreform mitzutragen. Die FPÖ unter Riess-Passer passte sich jedoch im Angesicht der Regierungsverantwortung, der Liberalisierung der ÖVP an. So musste sie um das Erreichen des Nulldefizits im Haushalt zu sichern, Steuererhöhungen zustimmen und restriktive Reformen im Sozialbereich mittragen.[106] Wirtschaftlich wurde jedoch entgegen den Versprechungen keine Besserung verzeichnet, was sich durch steigende Arbeitslosigkeit und sinkende Einkommen bemerkbar machte. Diese Liberalisierung missfiel großen Teilen der Parteibasis. Auch die Wählerschaft der FPÖ zeigte sich mit der Kursänderung während der Regierungszeit unzufrieden. Auf der politischen Angebotsseite hat die FPÖ ihre inhaltliche Ausrichtung gegenüber einzelnen relevanten Themen der Konkurrenz- und Koalitionspartei ÖVP angepasst (2b). Diese Wende sorgte sowohl an der Parteibasis, als auch auf Seiten der politischen Nachfrage für Unmut. Dadurch nahm die Stärke der Parteibindung und die Orientierung am politischen Spitzenpersonal in Person von Susanne Riess-Passer ab (1a, 1e).

Lediglich in ihrem Kernbereich der Migrationspolitik konnte sie entscheidende Impulse setzen. Hierbei wurden Reformen vorangetrieben, welche den Zuzug von Asylbewerbern, illegalen Einwanderern und Arbeitsmigranten regulierten. Es war nicht das Ziel diese Personengruppen in Österreich zu integrieren, sondern den Zuzug zu erschweren.[107] Aufgrund der Tatsache, dass der Bundesinnenminister von der ÖVP gestellt wurde, konnte die FPÖ diese Erfolge jedoch nicht auf ihr Konto

---

[105] Vgl. Träbert (2010: 226f.).
[106] Vgl. Preglau (2001: 206ff.).
[107] Vgl. Preglau (2001: 209f.).

verbuchen. Neben ihrem Koalitionspartner konnte sich die FPÖ nicht als erfolgreiche, rechtspopulistische Regierungspartei profilieren. Die Parteibasis sah die mangelnde Durchsetzungsfähigkeit von Susanne Riess-Passer durch die Aufschiebung der Steuerreform bestätigt. Die ÖVP verschob in diesem Zusammenhang eine Reform der Steuergesetzgebung aufgrund einer Hochwasserkatastrophe. Angetrieben von Jörg Haider forderte die Parteibasis einen außerordentlichen Parteitag. Ein von der Parteispitze entworfenes Kompromisspapier wurde auf dem Parteitag in Knittelfeld zerrissen, sodass die Parteispitze um Riess-Passer zurücktrat und Neuwahlen angesetzt wurden.[108] Der mäßige politische Erfolg der rechtspopulistischen FPÖ in der Regierungsverantwortung verblüfft zunächst. Regierungsparteien verfügen über eine größere Reichweite und haben zudem bessere Möglichkeiten um Programme umzusetzen. Im Fall der FPÖ gaben jedoch programmatische Wiedersprüche, unüberwindbare interne Personalkonflikte, mangelnde Regierungserfahrung sowie mangelnde Kompetenz des Spitzenpersonals den Regierungsalltag an. In der Öffentlichkeit werden an Regierungsparteien andere Maßstäbe angesetzt als an Oppositionsparteien. Eine ausreichende Sachkompetenz, Professionalität und Amtswürde sollten zum Grundrepertoire einer Regierungspartei gehören. Durch die hohe Sichtbarkeit der scheiternden Regierungspartei sank die positive Resonanz in der Öffentlichkeit und somit auch die Legitimität als Regierungspartei (3a). Hierbei befand sich die FPÖ in einer Zwickmühle. Sie musste ihrem Ruf als Anti-Politik-Partei gerecht werden und sich als Anwalt der kleinen Leute inszenieren, aber gleichzeitig soziale Kürzungen mitverantworten. Hätte sie sich diesen Kürzungen verweigert wäre ihr ein koalitonsgefährdendes Verhalten vorgeworfen worden und sie hätte verantwortungslos gehandelt. Durch die Anpassung an die ÖVP-Politik reihte sie sich als Establishment-Partei ein, was an der Parteibasis für einen Vertrauensverlust sorgte.[109] Rechtspopulistische Parteien unterliegen in der Regierung einem Spannungsverhältnis zwischen Regierungsverantwortung und Oppositionspropaganda.

Bei den darauffolgenden Nationalratswahlen 2002 fiel die FPÖ auf 10% und verlor somit fast 17 Prozentpunkte im Vergleich zu 1999. Dies bedeutet einen Mandatsverlust von 52 Mandaten 1999, auf 18 Mandate im Jahr 2002.

---

[108] Vgl. Heinisch (2003: 110).
[109] Vgl. Heinisch (2004: 257f.).

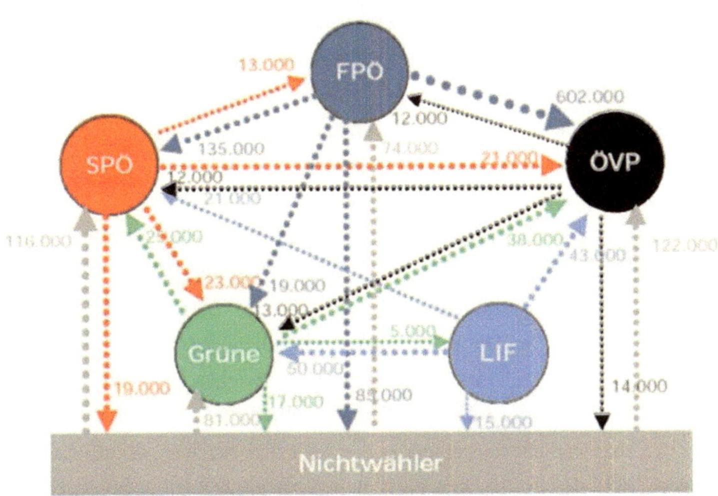

Abbildung 7: Wählerstromanalyse in absoluten Stimmen
(vgl. Orgis und Hofinger 2002, S. 3)

Anhand der Abbildung wird ersichtlich, dass die größte Wählerwanderung mit
602.000 Stimmen aus dem FPÖ Lager heraus in das ÖVP Lager stattfand. Die zweit-
größte hingegen mit 135.000 Stimmen von der FPÖ zur SPÖ. Die ÖVP ist also mit
42% die stärkste Partei im österreichischen Nationalrat 2002. Profitiert hat sie dabei von der Zufriedenheit mit der Regierungsarbeit, deren Erfolge größtenteils der
ÖVP nicht der FPÖ zugesprochen wurden. Die Wählerwanderung von der FPÖ zur
ÖVP lässt sich auch durch die Führungskrise der FPÖ unter Susanne Riess-Passer
erklären, womit ein Vertrauensverlust in die Regierungsfähigkeit der FPÖ einher-
ging. Die Begründung für den Misserfolg liegt also auf der politischen Angebotsseite verortet. Strategische Ausrichtung und das Verhalten des Führungsper-
sonals während der Regierungszeit, sorgten auf der politischen Nachfrageseite für
eine Entfremdung von der Partei (1e, 2b). Dieser Trend schlug sich auch im öffentlichen Diskurs wieder, wobei sich die Frage aufdrängt, ob eine rechtspopulistische
Partei überhaupt regierungsfähig ist (3a). Obwohl die parteiinternen Spannungen
immer noch anhielten, ließ sich die ÖVP auf eine erneute Koalition mit der Freiheitlichen Partei Österreichs ein. Aus diesem Grund verharrt die FPÖ weiterhin auf der
fünften Karrierestufe als Juniorpartner in einer Regierungskoalition. Schafft es die
FPÖ sich in der Bundesregierung Schüssel II zu stabilisieren?

Die krachende Niederlage bei der Nationalratswahl 2002 spiegelte sich auch in der
Verteilung der Ministerposten wieder. Von zwölf Ministerien in der vorigen

Legislaturperiode, blieben der FPÖ 2002 nur noch drei übrig. Parteiintern wurde dieser Misserfolg von heftigen Auseinandersetzungen begleitet, wodurch es zu zahlreichen wechseln an der Parteispitze kam.[110] Unstimmigkeiten über den weiteren Kurs der Partei führten letztendlich zur Spaltung. Jörg Haider, der führende Kritiker des liberalen und kompromissorientierten Regierungskurses unter Riess-Passer, forcierte die Abspaltung des gemäßigten FPÖ-Flügels. Führende Politiker der FPÖ, darunter der Vizekanzler Hubert Gorbach und der FPÖ-Parlamentsklub-obmann Scheibner, verkündeten zusammen mit Haider im April 2005 die Abspaltung von der FPÖ. Unter dem Namen Bündnis Zukunft Österreich (BZÖ) spaltet sich der gemäßigte Flügel ab. Dennoch wird die Koalitionsregierung in einem Dreierbündnis weitergeführt.[111] Für die ohnehin geschwächte FPÖ stellte diese Abspaltung ein weiterer Schock und eine weitere Schwächung der Partei dar. Auch in der zweiten Regierungsperiode gelang es der FPÖ nicht sich zu stabilisieren. Bei der Analyse aus Sicht des politischen Wettbewerbsmodells wird deutlich, dass sich das politische Angebot hinsichtlich der strategischen, inhaltlichen und personellen Dimension nicht verändert hat (2b). Die FPÖ verlor durch den gemäßigt-liberalen Kurs in der Regierung ihre Glaubwürdigkeit, weil zentrale populistische Versprechungen aus der Oppositionszeit im Angesicht der Regierungsverantwortung verworfen wurden. Durch die Abspaltung des gemäßigten Flügels in Form des BZÖ besteht nun die Chance, dass rechtspopulistische Angebot zu schärfen.

5.1.3 Wiedererstarken in der Opposition – Die FPÖ vor einer erneuten Regierungsbeteiligung?

Bei den darauffolgenden Nationalratswahlen 2006 (11%), 2008 (17,5%) und 2013 (20,5%) konnte die Freiheitliche Partei Österreichs wiederum bessere Wahlergebnisse verbuchen. Aus der Perspektive des politischen Erfolgsmodells fielen sie jedoch seit der Nationalratswahl 2006 auf die vierte Stufe der koalitionsstrategischen Inklusion zurück. Innerhalb der Bundesregierung gab es eine Neuauflage der großen Koalition, weil ein anderes Zweierbündnis rechnerisch nicht möglich war. Eine Dreierkoalition wäre zwar theoretisch möglich gewesen, es gab aber keinen auffindbaren Konsens innerhalb der kleinen Parteien. Ab der Nationalratswahl 2006 wurde die große Koalition unter SPÖ Führung eingeführt. Wie gelang es der FPÖ ihre Wahlergebnisse zu stabilisieren?

---

[110] Vgl. Heinisch/ Hauser (2015: 102).
[111] Vgl. Heinisch/ Hauser (2015: 103).

Seit der Wahl von Heinz-Christian Strache zum Parteiobmann der FPÖ wurde ein deutlicher Kurswechsel erkennbar. Unter der Führung von Strache fand die FPÖ zu ihrem fundamental oppositionellen Kurs der 1990er Jahre zurück. Als erstes wurde eine Kurskorrektur vorgenommen, wobei der gemäßigt-liberale Regierungskurs begraben wurde. In einem zweiten Schritt führte Strache den radikalen Haider Populismus, welcher als Erfolgsgarant der 1990er Jahre galt, wieder ein. Islamophobie, Xenophobie und Anti-Establishment Politik wurden unter dem Parteiprogramm „Österreich zuerst" auf die politische Agenda gesetzt (2b).[112]

Mit der Ernennung von Heinz-Christian Strache zum FPÖ-Parteiobmann im April 2005 begann also eine neue Ära in der Parteigeschichte. Zu diesem Zeitpunkt war die FPÖ in die politische Versenkung geraten. Doch bereits bei den Wiener Gemeinderatswahlen im Oktober 2005 konnte die FPÖ unter Strache 14,8% der Wählerstimmen gewinnen. Bei der Nationalratswahl im Jahr 2006 gelang es der FPÖ, ihr Ergebnis von 10% auf 11% zu steigern. Im September 2008 kam es unter der Koalition von SPÖ und ÖVP zu vorgezogenen Nationalratswahlen. Strache war es auch hier gelungen, neue Wähler für sich zu gewinnen und legte einen Prozentsprung von 11% auf 17,5% hin. Auch das BZÖ, welches es 2006 geradeso in das Parlament geschafft hatte, verbesserte seine Wahlergebnisse von 4,1% auf 11,7%. Ein besorgniserregendes Ergebnis für die SPÖ und die ÖVP. Beide Großparteien fielen dabei unter die 30%-Marke.

Auf der Seite des politischen Angebots hat sich die Akteurskonstellation grundlegend verändert. Das österreichische Modell der Konkordanzdemokratie wurde verabschiedet und das Konkurrenzmodell etabliert (2c). Beide Zentrumsparteien rangieren mit ihren Wahlergebnissen knapp unter der 30%-Marke, sodass eine Zweiparteienkoalition, welche keine große Koalition darstellt, unmöglich ist. Zusätzlich wird ein Dreierbündnis durch die unüberwindbaren Gegensätze der kleinen Parteien unmöglich. Aus diesem Grund zwingt die Akteurskonstellation im Nationalrat ab 2006 die SPÖ und die ÖVP in eine große Koalition (2b, 2c). Der FPÖ gelang es ihr Image als Protestpartei gegen das Establishment, Anti-EU Partei und als Anti-Zuwanderungspartei in der Opposition wiederherzustellen. Inhaltlich grenzt sie sich damit wiederum stark von den etablierten Regierungsparteien ab, wodurch es ihr gelingt, unzufriedene Bürger zu gewinnen. Ähnlich wie unter Jörg Haider kann sich die politische Nachfrageseite an einer Führungspersönlichkeit,

---

[112] Vgl. Heinisch/ Hauser (2015: 103f.).

welche das Image der Partei repräsentiert orientieren (1e). Strache gelang es durch aggressiven Rechtspopulismus, die FPÖ wiederum als Partei des kleinen Mannes zu etablieren. Zusätzlich spielte die große Koalition dieser Taktik in die Karten, denn neben den andauernden Querelen zwischen den Parteien gab es auch Korruptionsvorwürfe, welche vor allem der ÖVP erheblichen Schaden zufügte.[113] So konnte die große Koalition 2013 nur 50,8% der Stimmen auf sich vereinigen. Im öffentlichen Diskurs inszenierte sich die FPÖ mit zahlreichen Skandalen, auch hinsichtlich personeller Entscheidungen. So wurde Beispielsweise für die Präsidentschaftswahlen 2010 eine Kandidatin präsentiert, welche öffentlich Zweifel am Holocaust und der Massenvernichtung von Juden hegte.[114] Auch mit Wahlslogans wie „Dahoam statt Islam" und „Liebe deinen Nächsten – Für mich sind das Österreicher" wurde als rechtspopulistische Partei in den Medien etabliert (1a). Dies sorgte für eine breite Sichtbarkeit und im Zuge der Flüchtlingskrise 2015, auch für eine Anpassung an den rechtspopulistischen Kurs durch die Großparteien (2c). Auch für Österreich stellte die 2015 einsetzende Flüchtlingskrise eine massive Veränderung der politischen Rahmenbedingungen auf soziokultureller Ebene dar (4c). Auch hier etablierte sich das Flüchtlingsthema auf der politischen Nachfrageseite als Katalysatorthema (1d), welches von der FPÖ offensiv besetzt wurde. 2014 stiegen die Asylzahlen in Österreich im Vergleich zum Vorjahreszeitraum auf 60%. 2015 hingegen verdreifachte sich dieser Wert auf über 95.000 Asylanträge.[115] In der Relation zur lokalen Population nahm Österreich neben Schweden und Zypern die meisten Flüchtlinge im Jahr 2015 auf.

Die Flüchtlingsthematik wurde auch zu einem zentralen Punkt im Rahmen der Nationalratswahl am 15.10.2017. Die FPÖ konnte sich mit 26% als drittstärkste Kraft im Nationalrat etablieren. Sie erhielt damit einen Stimmenzuwachs im Vergleich zu 2013 von 5,5% und liegt damit nur 0,9% hinter der SPÖ. Die FPÖ hat damit auch 2017 die vierte Stufe der Karriereleiter erreicht und hat gute Aussichten als Juniorpartner in die Regierung aufzusteigen, denn die beiden Großparteien SPÖ und ÖVP schließen eine Koalition mit der FPÖ nicht aus. Weshalb wird der FPÖ nach ihrem Scheitern um die Jahrtausendwende jetzt wieder eine Regierungsverantwortung zugetraut?

---

[113] Vgl. Frankfurter Allgemeine Zeitung (2012).
[114] Vgl. Heinsich/ Hauser 2015: 105).
[115] Vgl. Österreichischer Integrationsfonds (2015: 2).

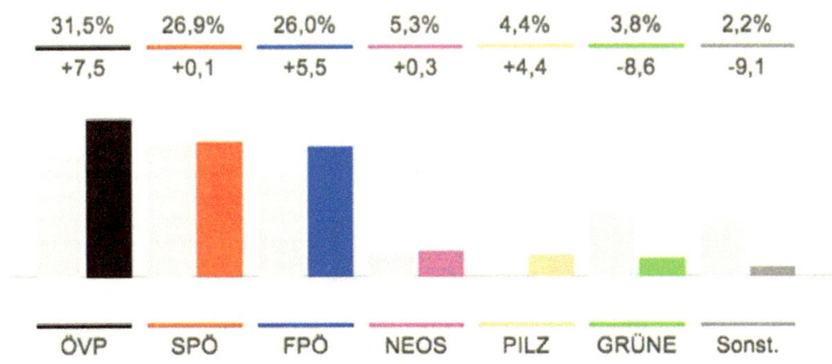

Abbildung 8: Gesamtergebnis der Nationalratswahl 2017 inklusive Briefwahl
(Die Presse 2017)

Der Wahlerfolg der FPÖ lässt sich im Grund durch zwei Faktoren erläutern. Auch
in Österreich sorgte die einsetzende Flüchtlingskrise für eine Neujustierung des
politischen Wettbewerbs. Besonders wirkten sich die veränderten sozio-kulturellen Rahmenbedingungen auf die inhaltliche Ausrichtung der ÖVP. Nach dem Sebastian Kurz zum Parteiobmann gewählt wurde, sollte sich der damit verbundene Um-
bruch auch im Parteinamen wiederfinden. Auf den Stimmzettel für die Nationalratswahl trat die neue ÖVP unter dem Namen „Die Liste Sebastian Kurz" an. Unter
dem amtierenden österreichischen Außenminister Sebastian Kurz rückte die neue
ÖVP indes nach rechts und kopiert die Wahlkampfthemen der rechtspopulistischen FPÖ bezüglich der Migration und der inneren Sicherheit (2b). Die ÖVP ist
also aus Sicht der politischen Angebotsseite mit ihren inhaltlichen Politikangebo-
ten nach rechts gerückt und versuchte so ihrer Konkurrenz, der FPÖ, das Stimmenpotenzial abzugraben. Aufgrund der rechtsorientierten Ausrichtung der ÖVP und
der FPÖ, wurde die Sichtbarkeit, die Resonanz und die Legitimität rechtspopulistischer Themen in der Öffentlichkeit erhöht (1a). Beinahe täglich wurde in österreichischen Medien über das Hauptthema Migration und innere Sicherheit berich-
tet.[116] So wurden die vorhandenen rechtspopulistischen Werthorizonte in der österreichischen Öffentlichkeit weiter bedient (3d), was sich letztendlich auch in der
politischen Nachfrageseite wiederspiegelt (1d). Der zweite Erfolgsfaktor für die
Freiheitliche Partei Österreichs liegt auf der Seite des politischen Angebotes. In diesem Zusammenhang erweist sich die Akteurskonstellation der österreichischen
Regierung als Erfolgsgarant der FPÖ (2b). Seit 2007 regiert in Österreich eine

---

[116] Vgl. Zeit Online (2017b).

große Koalition unter der Führung der SPÖ. Innerhalb der beiden Koalitionsparteien herrscht ein dauerhafter Streit über die Umsetzung grundlegender Punkte des Koalitionsvertrags, welcher in der aktuellen Legislaturperiode in den vorgezogenen Neuwahlen endete (siehe Abbildung 8). Aus dieser politischen Akteurskonstellation konnte die FPÖ politisches Kapital schlagen und sich als Alternative zu den etablierten Großparteien präsentieren[117].

Die Freiheitliche Partei Österreichs stellt vor diesem Hintergrund das Paradebeispiel des europäischen Rechtspopulismus dar. Trotz ihres inkompetenten Regierungsverhaltens um die Jahrtausendwende in der Regierung Schüssel, konnte sie sich dauerhaft im Parteiensystem etablieren und fiel dabei auf Bundesebene niemals unter die vierte Stufe der Karriereleiter. Nach ihrer Erholungskur in der Opposition kann sie bei den aktuellen Nationalratswahlen ihr zweitbestes Wahlergebnis seit 1999 verbuchen und gilt als potenzieller Koalitionspartner der neuausgerichteten ÖVP. Erfolgsgarant der FPÖ waren bei der Betrachtung der Höhepunkte 1999 und der aktuellen Nationalratswahl 2017 immer eine Mischung aus der Unzufriedenheit mit der großen Koalition (2b) und dem instrumentalisieren von sozio-kulturellen Veränderungen (4c). Während im Bereich der Hetze gegen Ausländer und Flüchtlinge die Themen wie Überfremdung, Ausnutzung der Sozialleistungen und generell Xenophobie und Islamophobie relativ stabil blieben, hat sich hinsichtlich der Kritik an der großen Koalition ein Wandel vollzogen. Unter Haider in den 90er Jahren wurde grundlegend der Proporz und die Übermacht der beiden Großparteien mit dem einhergehenden Nepotismus kritisiert. Heutzutage zerfleischt sich die große Koalition im Angesicht der Konkurrenzdemokratie beinahe selbst und sorgt somit durch dauerhafte Streitigkeiten für den Wählerzulauf in das Lager der FPÖ.

---

[117] Vgl. Spiegel-Online (2017).

5.2 Der Front National – Ruptur des bipolaren Parteiensystems in Frankreich?!

5.2.1 „Aller Anfang ist schwer" - Der Front National profitiert von einer Umstellung des Wahlrechts

Auf Initiative der faschistischen Organisation „Odre Nouveau" trafen sich am fünften Oktober 1972 ehemalige Nazi-Kollaborateure, Widerstandskämpfer, Veteranen des Algerien-Kriegs und rechte Splitterparteien, um ihre Strömungen unter einem Parteilabel zusammenzuführen. Zum Vorsitzenden der Partei „Nationale Front für die Einheit Frankreichs" wurde Jean-Marie Le Pen gewählt, der bei den Parlamentswahlen 1973 die „französische Identität" gegen den Kommunismus verteidigen sollte (2a, 2c). Somit erreichte die Partei die erste Stufe der Karriereleiter, als man bei den Wahlen zur Nationalversammlung 1973 antrat. Anfangs blieb der große politische Erfolg aus, da man bei den ersten drei Nationalratswahlen (1973, 1978, 1981) keinen Abgeordneten ins Parlament entsenden konnte.[118]

In den Folgejahren konnte man vereinzelte Erfolgen auf kommunaler und europäischer Ebene (10,95 Prozent bei den Europawahlen 1984) erzielen. Der Durchbruch auf nationaler Ebene gelang der Partei im Jahr 1986. Ermöglicht wurde dieser Wahlerfolg durch die Umstellung des Wahlrechts von Mehrheits- auf Verhältniswahlrecht (4a). Somit konnte man mit 2,7 Millionen Stimmen einem Anteil von 9,65 Prozent erreichen und 35 Abgeordnete in die Nationalversammlung entsenden.[119] Auf der Karriereleiter gelang der Sprung auf Stufe 3. Verantwortlich für den Wahlerfolg des Front National, war der damalige Staatspräsident Francois Mitterrand (Sozialistische Partei PS). Er sah sich bei den Parlamentswahlen mit einer scheinbar übermächtigen Mehrheit im rechten Lager konfrontiert. Den Prognosen zu Folge, sollten die „Gaullisten" (rechtes Lager) unter der Führung von Chaque Chirac eine deutliche Mehrheit erlangen. Um dies zu verhindern ordnete Mitterrand eine Änderung des Mehrheitswahlrechts an (4a), um die kleineren Parteien zu stärken und die gemäßigten Rechten zu schwächen. Mitterrands Strategie sollte aufgehen. Die Rechten konnten sich (gaullistische RPR und liberal- zentralistische UDF- Föderation) über eine neue Parlamentsmehrheit freuen, ein „erdrutschartiger" Sieg blieb jedoch aus.[120]

---

[118] Volkert (2017).
[119] Vgl. Chwala (2015: 88).
[120] Vgl. Weisenfeld (1997: 306).

Bei der Wahl 1986 spiegelten sich auch soziokulturelle Faktoren im Wahlergebnis
wieder. Das Thema der Migration beeinflusste die Innenpolitik Frankreichs bereits
seit den 1950er Jahren. Nach dem zweiten Weltkrieg erreichte der wirtschaftliche
Aufschwung Frankreich. Um die wachsende ökonomische Nachfrage bedienen zu
können, wurden Arbeitskräfte aus dem Ausland (Deutschland, Polen, Russland,
Belgien, Spanien und Portugal) angeworben. Gleichzeitig sorgte die Dekolonialisie-
rung für weitere Wanderungswellen nach Frankreich. Besonders gegen Ende des
französisch- algerischen Krieges 1962, stiegen die Einwanderungszahlen durch
französische Siedler und pro-französische Afrikaner.[121] Die Entwicklung führte zu
einer Pluralisierung der Gesellschaft, sodass Ende der 1980er bzw. Anfang der
1990er Jahre jede zehnte Person in Frankreich ausländischer Abstammung war
(4c). Zu dieser Zeit forcierte der damalige Präsident Mitterrand die Bemühungen
ein Wahlrecht für Ausländer einzuführen (2c) und machte dieses Bestreben zum
Inhalt seines Wahlprogramms. Zeitgleich legalisierte er die illegale Einwanderung
von 130.000 Migranten.

Der Front National erkannte, dass ein Teil der französischen Bevölkerung die liberale Einwanderungspolitik der Sozialisten missbilligten und versuchten diese, mit
einer ausländerfeindlichen Programmatik, für sich zu gewinnen (2b, 2c).[122]

Dies sollte sich auch bei den Präsidentschaftswahlen 1988 bemerkbar machen, als
Jean- Marie Le Pen im ersten Wahlgang 14,38 Prozent der Stimmen erreichen
konnte. Mit konstanten Wahlergebnissen gelang es dem Front National von nun
sich als rechts-außen Partei im politischen Spektrum zu etablieren (Wahlen zur
Nationalversammlung: 1988: 9,65 Prozent, 1993: 12,5 Prozent, 1997: 15,1 Prozent, 2002 12,7 Prozent). Das sich die guten Wahlergebnisse nicht in Form von Abgeordneten im Parlament wiederspiegelte, lässt sich mit dem 1988 wiedereinge-
führten Mehrheitswahlrecht begründen. Die Etablierten hatten somit die Möglichkeit sich gegen den Front National zu verbünden und ihn vom tagespolitischen Geschehen zu isolieren (4a).[123]

---

[121] Vgl. Engler (2007).
[122] Vgl. Asholt (1997: 51).
[123] Tümmers (2006: 155).

5.2.2 Präsidentschaftswahl- Ein rechts-außen Politiker in der Stichwahl, um das höchste Amt des Landes

Einen erneuten Höhepunkt erreiche die Partei bei den Präsidentschaftswahlen am 21. April 2002. Mit 16,68 Prozent der Stimmen konnte sich Jean- Marie Le Pen gegen seine Konkurrenten, den amtierenden Premierminister Lionel Jospin, durchsetzen und trat im zweiten Wahlgang gegen Jaques Chirac an.

Dieses historische Ergebnis ist auf verschiedenen Faktoren zurückzuführen. Während des Wahlkampfes bestimmten die Themen Migration, Kriminalität/ Unsicherheit und Arbeitslosigkeit die politische Debatte (3b).

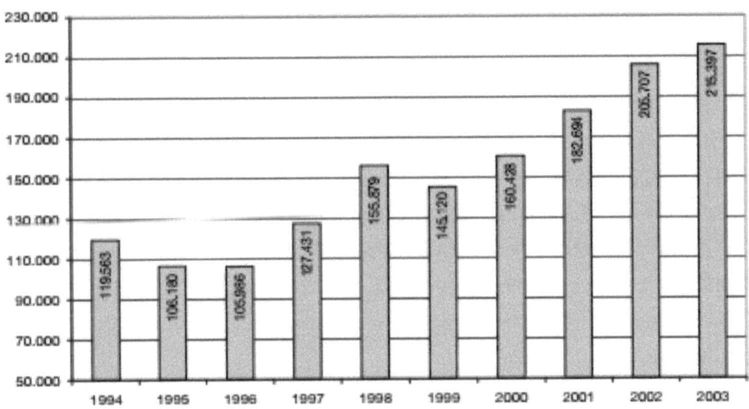

Abbildung 9: Einwanderung nach Frankreich
(INED 2005 nach Engler 2007, S. 2)

Abbildung 9 veranschaulicht die stetig steigende Anzahl der Zuwanderer nach Frankreich seit 1995. Trotz steigenden Einwanderungszahlen, löste die Mitte-Links Regierung von Premierminister Jospin restriktiven Einwanderungsbestimmungen. Im Jahre 1997 verabschiedete die Regierung ein Legalisierungsprogramm, welches in Frankreich illegal lebenden Ausländern ein Bleiberecht zusicherte.[124]

Die im August 2001 veröffentlichte Statistik zu verübten Gewalttaten in Frankreich, zeigte einen generellen Anstieg um 9,58 Prozent (4c). Insbesondere ländliche Gebiete waren von diesem Anstieg betroffen: 17.5 Prozent der registrierten Gewaltdelikte konnten in diesen verortet werden. Dementsprechend generierte Le Pen

---

[124] Vgl. Engler (2007: 2).

dort den größten Zuwachs an Wählerstimmen.[125] Auch die mediale Berichterstattung fokussierte sich stark auf die Thematik der Sicherheit.[126] Zuletzt erkannte auch der amtierende Präsident Chiraq die wahlpolitische Bedeutung und integrierte dies in seinem Wahlkampfprogramm.

Le Pen nutze die mediale und politische Fokussierung und verknüpfte dies mit der migrationskritischen FN Programmatik (2c). Dabei vermied er verbale Provokationen und präsentierte sich im Stil eines politischen Führers, der im Alter milder wurde.[127]

Der FN Vorsitzende instrumentalisierte die Themen Sicherheit, Einwanderung und Kriminalität und macht die etablierten Parteien für diese Entwicklung verantwortlich (2b).[128] Auf Seiten der politischen Nachfrage begünstigte das wachsende Misstrauen gegenüber den etablierten Parteien den Erfolg des Front National. (1a). Während der fünfjährigen „Kohabitation" zwischen Präsident Chirac und Premierminister Jospin arbeiteten die konkurrierenden Lager erfolgreich zusammen (2b). Dabei entfernten, sich die beiden Parteien immer weiter von ihrer politischen Basis. Besonders die Anhänger des rechten Lagers, forderten einen klarere Abgrenzung gegenüber der Programmatik der „Parti Sozialiste." Dies belegten auch Umfragen. 70 Prozent der Befragten gaben drei Wochen vor der Präsidentschaftswahl 2002 an, keinen Unterschied zwischen den Wahlprogrammen von Chirac und Jospin ausmachen zu können.[129]

Resultierend daraus sank die Wahlbeteiligung auf 72 Prozent..[130]

Ein weiterer Aspekt, der Jean Marie Le Pen in den zweiten Wahlgang verhalf war die Fragmentierung der gemäßigten Linken und Rechten (4c). Im Jahre 2002 traten 16 Kandidaten für ihre Partei bei der Präsidentschaftswahl an. Im Jahre 1995 waren es lediglich zehn Kandidaten.

---

[125] Vgl. Mayer (2002: 514), zitiert nach Dilling (2010: 11).

[126] Vgl. Gerstle (2003: 42), zitiert nach Dilling (2010:11).

[127] Vgl. Perrineau (2003: 204–205), zitiert nach Dilling (2010:11).

[128] Vgl. Chwala (2015: 89).

[129] Vgl. Schwarz (2002).

[130] Vgl. Perrineau/ Ysmal (2003: 20), zitiert nach Dilling (2010: 13).

Politische Verortung	Anzahl der Parteien (1995)	Anzahl der Parteien (2002)	Ergebnisse des Lagers (1995) in %	Ergebnisse des Lagers (2002) in %
Extreme Linke	1 (Lo)	3 (Lo, PT, LCR)	5,30	9,99
Gemäßigte Linke	3 (PCF, PS, Les Verts)	5 (PCF, MDC, PS, PRG, Les Verts)	35,26	33,13
Gemäßigte Rechte	2 (UDF, RPR)	6 (CAP 21, UDF, FRS, RPR, DL, CPNT)	39,69	37,93
Extreme Rechte	3 (MPF, FN, S&P)	2 (FN, MNR)	20,02	19,20

Abbildung 10: eigene Darstellung nach site du „ministere L`Interieur"

Abbildung 10 visualisiert das relativ stabile Wählerpotential der gemäßigten Linken und Rechten. Zwar kam es im Vergleich zu den Wahlen von 1995 auf beiden Seiten zu leichten Einbußen (Linke -2,13 Prozent, Rechte -1,76 Prozent), dennoch hatten beide Lager das Wählerpotential, sich gegen die Kandidaten der extremen Rechten durchzusetzen.

Durch die Fragmentierung der politischen Lager auf eine deutlich größere Anzahl an Kandidaten, schwächten sich die Parteien gegenseitig.

Auch die soziostrukturelle Entwicklung Frankreichs begünstigte das Wahlergebnis des Front National (4c). Das Verhältnis zwischen Jung und Alt, verschob sich in Richtung der älteren Bevölkerungsteile. Die rechtspopulistische Partei profitierte dem demografischen Wandel, da die Gruppe der 46-66 Jährigen mit 20-22 Prozent die stärkste Wählersicht des Front National bildet.[131]

5.2.3 Nach den Präsidentschaftswahlen- der FN am Rande der Bedeutungslosigkeit

Der Wahlerfolg bei der Präsidentschaftswahl 2002 sollte nur von kurzer Dauer sein. Bereits 2004 erhielt der Front National bei den Regionalwahlen, erstmal weniger als 10 Prozent der Stimmen. Den Tiefpunkt der Talfahrt markieren die Parlamentswahlen und Präsidentschaftswahlen im Jahre 2007, als man lediglich 4,3 bzw. 6,3 Prozent der abgegebenen Stimmen erhielt. Nach knapp 40 Jahren unter

---

[131] Vgl. Mayer (2002: 512), zitiert nach Dilling (2010: 11).

der Führung Jean-Marie Le Pens drohte die Partei in die politische Bedeutungslosigkeit zu verschwinden.[132]

Die Organisationsstruktur des Front National war stets an ihrem Vorsitzenden ausgerichtet (2a). Diese innerparteiliche Struktur bietet auch Konfliktpotential. Das langjährige Parteimitglied Megret forcierte einen Richtungswechsel innerhalb Partei und warb für eine Politik der Annährung. Er strebte nach einer Öffnung des Front National, um eine breitere Wählerschicht zu mobilisieren. Mit der Entlassung der Megret Anhänger aus allen Instanzen der Partei, erteilte Le Pen dieser Strategie eine klare Abfuhr. Um weitere innerparteiliche Streitigkeiten zu vermeiden konzentrierte man sich im Wahlkampf 2002 darauf, den verschiedenen konservativen, fundamentalistischen und religiösen Strömungen innerhalb der Partei gerecht zu werden. Ausdruck fanden diese Bemühungen in einer „teils widersprüchlichen und wahlpolitisch suboptimalen Programmatik."(2c).[133]

Notwendige Modernisierungsansätze konnten nicht umgesetzt werden, da man sich mit einer extrem heterogenen Mitgliederstruktur konfrontiert sah (2a). Die Partei war somit nicht in der Lage ihr primäres Image als Protestpartei abzulegen und damit neuen politischen Spielraum zu erschließen (2a). Neben den innerparteilichen und strukturellen Unstimmigkeiten, bekam der Front National auch Konkurrenz im Bereich des politischen Angebots (2b). Der Kandidat der UMP Nicolas Sarkozy machte die Themen Autorität, Nation und Arbeit zu den zentralen Motiven seines Wahlkampfes und bediente damit weite Teile der FN Ideologie (2c, 3b). Auch in Migrationsfragen bediente sich Sarkozy einer FN ähnlichen Rhetorik: „Es gibt zu viele Migranten in Frankreich und das ist ein Problem.[134] Um das „Problem" zu lösen, forderte Sarkozy Einwanderer dazu auf, sich an die Werte und Gesetze der Republik zu halten. Um den Umgang mit Einwanderern zu erleichtern, knüpft Sarkozy seine Wiederwahl auch an institutionelle Veränderungen, wie die Schaffung eines Ministeriums für Immigration und nationale Sicherheit.[135] Mit seiner populistischen Rhetorik gelang es dem UMP Kandidaten während des Wahlkampfes Teile der FN Wählerschaft für sich zu gewinnen. Eine Umfrage ergab, dass ca. 16 Prozent der FN-nahen Wähler 2007 bereits im ersten Wahlgang für Sarkozy stimmten.[136]

---

[132] Vgl. Kempin (2017b: 7).
[133] Almeida (2007: 2).
[134] Mondon (2014: 305).
[135] Vgl. Almeida (2007: 4).
[136] Vgl. Almeida (2007: 5).

5.2.4 „Entdiabolisierung" als Schlüssel des Erfolgs- Marine Le Pen bringt den FN wieder in die Erfolgsspur

Am 16. Januar 2011 übernahm Jean-Maries Tochter, Marine Le Pen den Parteivorsitz. Mit dem Amtswechsel erfolgte auch eine Neuausrichtung der Partei. Marine Le Pen strebt nach wirtschaftlichen, politischen und gesellschaftlichen Wandel in Frankreich. Doch anders als ihr Vater, plädiert sie für einen Wandel von innen und präsentiert sich deshalb als moderne gemäßigte Rechte, die den Willen des Volkes vertritt. Um dieses Vorhaben umzusetzen strebt die Parteivorsitzende nach politischer Macht und legt damit das Image als primäre Protestpartei bei Seite (2a, 2b, 2c).[137]

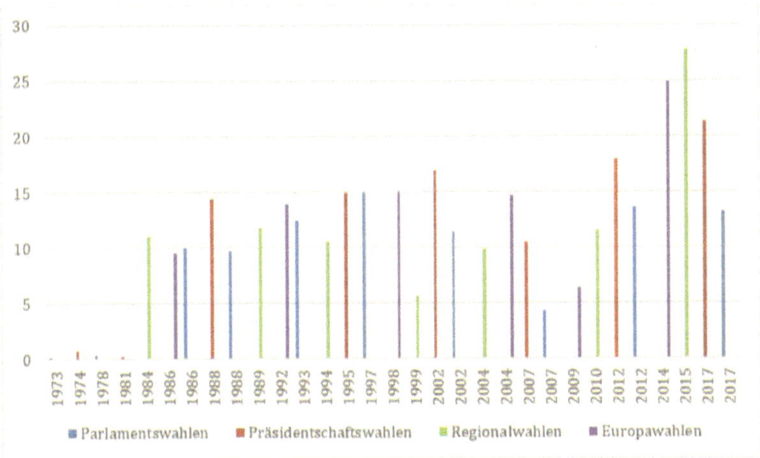

Abbildung 11: Übersicht der Wahlergebnisse in Frankreich
(eigene Darstellung nach Brechon)

Auch wenn der Front National seit dem Amtsantritt von Marine Le Pen keinen Sprung auf der Karriereleiter verbuchen konnte (Stufe Vier), lässt sich dennoch eine positive Entwicklung seit der Amtsübernahme im Jahre 2011 erkennen (vgl. Abbildung 11).

Bereits bei ihrer ersten Kandidatur für das Präsidentschaftsamt im Jahre 2012 erzielte Marine Le Pen ein historisches Ergebnis für ihre Partei. Sie erhielt im ersten Wahlgang 17,9 Prozent der Stimmen. Anders als ihr Vater, der 2002 mit einem Ergebnis von 16,86 der Stimmen in den zweiten Wahlgang einzog, musste sie sich den

---

[137] Vgl. Kempin (2017b: 9).

Kandidaten der PS (Hollande) und UMP (Sarkozy) geschlagen geben. Bei den Parlamentswahlen im selben Jahr erreichte sie mit 13,6 Prozent das zweitstärkste Ergebnis in der Historie des Front National. Für die größte mediale Aufmerksamkeit sorgten die Europawahlen 2014. Mit 24,86 Prozent erreichte die eurokritische Partei erstmals die meisten Wählerstimmen in Frankreich. Auch bei den Regionalwahlen im Jahre 2015 sorgte der Front National für Aufsehen, als man mit 27,73 Prozent der Stimmen in Sechs der Dreizehn Regionen, stärkste Kraft im ersten Wahlgang wurde. Den zweiten Wahlgang verlor die Partei aufgrund des Mehrheitswahlrechts, sodass man in keiner der Regionen die Regierung stellen konnte (4a).[138]

Der folgende Abschnitt geht der Frage nach, wie es Marine Le Pen gelungen ist die Partei nach ihrer Amtsübernahme wieder in die Erfolgsspur zu bringen. Einer der Hauptgründe für den erneuten Aufstieg der Partei findet sich auf der Seite des politischen Angebots. Marine Le Pen erkannte 2011, dass ihre Partei ein neues Image benötigte, um weiterhin eine wichtige Rolle im politischen Frankreich spielen zu können. Unmittelbar nach ihrem Amtsantritt begann sie damit die alten rechtsradikalen Strukturen der Partei aufzubrechen (2a, 2b, 2c).[139]

„Im Zuge einer Runderneuerung hat sich die Partei allmählich ihres früheren Jargons entledigt und explizit rechtsextremes Ideengut verbannt. Auch haben die ideologischen Richtungskämpfe von einst an Schärfe verloren. Die Partei präsentiert sich als weder links noch rechts."[140] Anders als ihr Vater, der den Front National als Antisystempartei formierte und bewusst rassistisch und gegen das Establishment argumentierte, distanziert sich Marine Le Pen öffentlich von antisemitischen, rassistischen, NS-verherrlichenden, homophoben oder kolonialgeschichtlich Frankreich verharmlosenden Inhalten. Um der französischen Bevölkerung glaubhaft die Neuausrichtung der Partei zu vermitteln, ging sie systematisch gegen radikale Mitglieder innerhalb ihrer vor (2a). Wer entsprechend auffällig wurde, musste die Partei verlassen.[141] So erhöhten sich die Parteiausschlüsse und Ordnungsverfahren mit dem Amtsantritt Marine Le Pens um ein Vielfaches.[142] Ihren Höhepunkt fand diese Entwicklung im Verfahren gegen den eigenen Vater, Jean- Marie Le Pen am

---

[138] Vgl. Zeit Online (2015).
[139] Vgl. Camus (2014: 9).
[140] Camus (2014: 1).
[141] Vgl. Kempin (2017b: 9).
[142] Proust (2013: 37), zitiert nach Chwala (2015: 75).

20. August 2015.[143] Während man sich auf der einen Seite von radikalen Mitgliedern trennte, versuchte man den Parteikader mit jungen, gut ausgebildeten Mitglieder medienwirksam neu zu gestalten (2a). An dieser Stelle können der homosexuelle, ehemalige, stellvertretende Parteivorsitzende Florian Philippot und Marion Merechal Le Pen genannt werden. Während Philippot als gemäßigter Politiker bekannt ist, steht Marion für einen harten antimuslimischen Kurs. Mit der Neuformierung des Parteikaders gelingt es dem Front National einerseits für traditionelle FN Themen einzutreten und sich gleichzeitig als gemäßigt und modern zu präsentieren. Verstärkt wird dieser Effekt durch lokale Wahlbündnissen mit Politikern, die bislang mit anderen Parteien in Verbindung standen.[144]

Neben der erneuerten Organisationsstruktur, war auch das reformierte Parteiprogramm des FN ein Grundpfeiler für den großen Zuspruch innerhalb der französischen Bevölkerung (2c). Dieser wachsende Zuspruch ist auch auf die Verlagerung im politischen Angebot zurückzuführen. Le Pen forcierte den Wechsel einer auf Immigration ausgerichteten Protestpartei, zu einer gemäßigten Volkspartei. Hierbei nutzte sie die Themen, Wirtschaftspolitik, Laizismus, Gleichheit und Ordnung und verknüpft dieses geschickt mit euro- und islamkritischen Einstellungen. Mit dem Schwerpunkt der Wirtschaftspolitik kann Le Pen gleich verschiedenen Botschaften senden. Frankreich hat die Wirtschaftskrise schwer getroffen (4c). Seit Jahren liegt die Arbeitslosenquote bei ca. 10 Prozent.[145] Marine Le Pen betonte an dieser Stelle, dass Frankreich die Kontrolle über die Wirtschaft verloren habe. Ein gutes Beispiel für den Kontrollverlust, ist die massive Zuwanderung von billigen Arbeitskräften aus dem Ausland. Nur ein Einreisestopp könne verhindern, dass viele Franzosen ihren Arbeitsplatz verlieren und ein Niedriglohnsektor geschafften würde.[146] Dem Front National gelingt es mit dieser Argumentationsstrategie, zuvor rassistische Vorhaben rational aufzuladen und mit dem Wohl Frankreichs zu verknüpfen. Darüber hinaus profiliert sich Le Pen als Vertreterin der Arbeiterschaft und verwendet dabei Begriffe der politischen Linken wie „soziale Gerechtigkeit" oder „Großunternehmer"(2c). Ihre Position als Anti-Establishment Partei nutzt die Parteivorsitzende, um gegen die etablierten Parteien und die Europäische Union Stimmung zu

---

[143] Vgl. Chwala (2015: 74).

[144] Kempin (2017b: 9- 10).

[145] Vgl. Statista (2017a).

[146] Chwala (2015: 77).

machen. Diese seien für die schlechte wirtschaftliche Entwicklung verantwortlich. Nur der Front National könne mit unabhängiger Wirtschaft, Frankreich zu alter Stärke zurückführen (2b).[147]

Ein weiterer wahlpolitischer Schwerpunkt der Rechtspopulisten, liegt auf der Betonung des Stellenwerts von Laizismus und Gleichheit (1b). In 25 Prozent der gehaltenen Reden zwischen 2011 und 2013 machte Le Pen den Stellenwert dieser Werte für die Französische Republik deutlich und erweiterte ihre Bedeutung. Der Front National versteht unter Laizismus nicht nur die Trennung von Staat und Kirche, vielmehr geht es um die Abwesenheit von religiösen Zeichen im gesamten öffentlichen Raum. Aus diesem Grund kämpft Le Pen auch gegen die Errichtung von Moscheen und anderen islamischen Symbolen in Frankreich. Diese gleiche rationale Rhetorik findet sich auch beim Thema Gleichheit. Marine Le Pen zeichnet das Bild einer modernen Partei, die sich für westliche Werte wie Gleichberechtigung der Frau-, Homosexueller- und anderer Minderheiten stark macht. Zum Schutze der französischen Wertegemeinschaft sollen Freiheitsrechte und westliche Ideale gegenüber frauenfeindlichen, homophoben und diskriminierenden Kräften wie dem Islam, verteidigt werden.[148]

Angesichts der aktuellen Ereignisse, bewegt das Thema Sicherheit die meisten Menschen in Frankreich. Der FN wirft sowohl den Linken, als auch den Rechten ein Versagen im Bereich der Sicherheitspolitik vor (2b). Durch Einwanderung seien rechtsfreie Räume entstanden, von denen eine massive Bedrohung der inneren Sicherheit ausgehe. Mit der Zuwanderung aus Syrien erhielt die islamistische Ideologie Einzug in die Großstädte Frankreichs. Der „Krieg" gegen die Islamisten in Frankreich könne nur gewonnen werden, wenn die Einwanderung gestoppt wird, Militär, Sicherheitskräfte und Geheimdienste besser ausgestattet werden, islamistische Organisationen verboten, radikale Moscheen geschlossen und Ausländer schneller abgeschoben werden können.[149]

Marie Le Pen die Verknüpfung von traditionellen FN Werten mit der neuen Programmatik. Eingebettet wird diese neue Strategie in einem medienwirksamen Auftreten und einer gemäßigten Rhetorik (2b).[150] So werden Schlagworte der FN Vergangenheit durch positiver besetzte Begriffe ersetzt. Jean- Maire Le Pen sprach

---

[147] Vgl. Kempin (2017b: 11).

[148] Kempin (2017b: 12).

[149] Kempin (2017b: 13).

[150] Vgl. Kallinich (2015: 179).

beim Thema Einwanderung oft von „nationaler Bevorzugung". Marine Le Pen hingegen, verwendet im selben Kontext Aufhänger wie „nationale Priorität", „sozialer Protektionismus" oder „sozialer Patriotismus". Mit der Neuausrichtung erfolgte eine Imagewechsel. Moderne gut ausgebildete junge Menschen kämpfen im Namen des FN für ein besseres Frankreich. Offen rassistische und diskriminierende Äußerung wurden aus dem Vokabular der Partei verbannt. Mit dieser Strategie ist es Le Pen gelungen das radikale Erbe der Partei unter einer neuen Fassade zu verstecken. Im Zusammenspiel mit einer gemäßigten Rhetorik präsentiert sich die Partei als attraktive Alternative für die breite Wählerschicht.[151]

Weitere Erklärungskraft für die erfolgreiche Amtszeit Marine Le Pen, liefern kulturell- diskursiven Gelegenheitsstrukturen. Die Kampagne der UMP des früheren französischen Präsidenten Sarkozy, sorgte dafür, dass rechtspopulistische Forderungen in Frankreich „salonfähig" wurden (3d). Mit Aussagen wie: „Es gibt viele Migranten in Frankreich und das ist ein Problem," und „Ohne Grenzen gibt es keine Gesellschaft,"[152] bediente sich die UMP der Rhetorik des Front National. Damit sorgte Sarkozy ein Stück weit dafür, dass rassistische und rechtspopulistische Themen in den politischen Diskurs einfließen und legitimierte damit indirekt die Inhalte des Front National (3b). Mit dem Rechtsruck beabsichtige Sarkozy 2007 die Schwächung des Front National. Mittelfristig ist diese Strategie auch aufgegangen, Sarkozys gewann die Präsidentschaftswahlen und Verwies den Kandidaten des Front National auf Platz Vier. Rückblickend betrachtet, war die Taktik der UMP aber nur bedingt erfolgreich, da es dem Front National zum einen gelungen ist, die abgewanderten Wählerschichten zurückzuerobern und zum andere der Rechtsruck dazu führte, dass sich die Partei zunehmend in Richtung politische Zentrum bewegte.[153]

Seit dem Jahre 2001 findet in Frankreich eine extreme Entwicklung im Bereich der politischen Nachfrage statt, die politischen Willensbildungsprozesse nachhaltig beeinflusst. Umfragen zu folge, haben die etablierten Parteien Frankreichs in den letzten 15 Jahren bedeutend an Vertrauen innerhalb der Bevölkerung verloren (1a). Der Anteil der Bürger die angaben, ihrer Regierung zu misstrauen, stieg von 51 auf 81 Prozent. Die Entfremdung zwischen Elite und Bevölkerung belegen auch

---

[151] Vgl. Kallinich (2015: 179).
[152] Mondon (2014: 305).
[153] Vgl. Köhler/ Seidendorf/ Thieben (2011: 9).

folgende Zahlen: Rund zwei Drittel der französischen Bürger waren 2015 der Meinung, dass sich die etablierten Parteien nicht für die Belange der Bevölkerung interessieren.[154] Mit Verantwortlich für die Vertrauenskrise sind moralisches und strafrechtliches Fehlverhalten der politischen Eliten. Immer wieder werden Politiker in Führungspositionen mit Veruntreuung von Geldern, Korruption oder Steuerhinterziehung in Verbindung gebracht (4c). So wurde der ehemalige Präsident Chirac vier Jahre nach seiner Amtszeit wegen illegaler Parteienfinanzierung und Amtsmissbrauch, zu einer zweijährigen Haftstrafe verurteilt. 2004 wurde ehemalige Premierminister und Parteichef der UMP Alain Juppe wegen Veruntreuung von Steuergeldern verurteilt. Auch gegen seinen Parteikollegen Sarkozy wurden mehrere Strafverfahren wegen Korruption und illegaler Einflussnahme eingeleitet. Doch auch das linke Lager sorgt für Skandale. 2016 wurde der Haushaltsminister von 2013 Cahuzac wegen Steuerbetrugs und Geldwäsche zu einer Haftstrafe von drei Jahren verurteilt. 2017 erschüttert der nächste Skandal den Wahlkampf in Frankreich. Der konservative Präsidentschaftskandidat Fillon soll seine Frau über Jahre mit Steuergeldern „scheinbeschäftigt" haben.[155] Das fatale an den vielen Skandalen ist, dass sie in den wenigsten Fällen zum Ende der politischen Karrieren führen und somit bei der Bevölkerung eine negative Assoziation mit der französischen Elite entsteht. Erkennbar ist diese Entwicklung auch an der Erosion des bipolaren politischen Parteiensystems in Frankreich (1a). Die gemäßigten und Rechten und Linken verlieren im Laufe der Jahre immer mehr Stimmanteile an kleinere Parteien.

Der Front National profitierte zudem von soziokulturellen Entwicklungen wie der Flüchtlingskrise und der wachsenden Angst vor Terrorismus (4c). Frankreich wurde in der jüngsten Vergangenheit immer wieder Ziel islamistischer Gewalt. Trauriger Höhepunkt war das Jahr 2015. Bei dem verehrenden Anschlag auf die Redaktion der Zeitschrift „Charlie Hebdo" im Januar 2015 wurden zehn Personen getötet. Bereits wenige Monate später kam es zu weiteren Terroranschlägen in der Hauptstadt Frankreichs. Am 13. November erfolgten fünf koordinierter Anschläge auf ein Rockkonzert, ein Fußballspiel sowie die Gäste zahlreicher Bars, Restaurants und Cafes. Nach Angaben der Regierung kamen bei den Anschlägen bis zu 130 Menschen ums Leben. Diese Anschläge haben das Bewusstsein der französischen

---

[154] Vgl. Kempin (2017b: 15).
[155] Vgl. Simons (2017).

Bevölkerung nachhaltig erschüttert. Seither bestimmt der Ruf nach mehr Sicherheit und der Schutz vor Terrorismus die Debatten in der Öffentlichkeit.

Der Front National macht sich seit Jahren diese Sorgen zu nutzen und verbindet die Thematik des Terrorismus stets mit den Themen „Einwanderung" und „Gefahren der Islamisierung" (2b). Bereits bei den Wahlen 2012 gaben 62 Prozent der Le Pen Wähler an, die Ablehnung von Zuwanderung sei der ausschlaggebende Wahlgrund. Für 44 Prozent der Wähler war der Wunsch nach mehr Sicherheit ausschlaggebend für die Wahl des Front National.[156] Die steigenden Flüchtlingszahlen in Europa und die zunehmenden Angst vor Terrorismus kommt dem FN zu Gute, der seit Jahren härteres Vorgehen gegen Verbrecher fordert, die Einwanderung begrenzen- und das Budget der Sicherheitsbehörden aufstocken möchte. Die zunehmende Verunsicherung führte in Frankreich dazu, dass sich ein Großteil der Bevölkerung Sorgen macht, ob die etablierten Parteien in der Lage sind, die neuen Problemen im Bereich Sicherheit und Identität zu bewältigen. Immer mehr Menschen trauen dem Front National die notwendigen Schritte zu. So attestierten im Dezember 2016 die Wähler, dem Front National die größte Problemlösungskompetenz im Bercich Sicherheit, Verteidigung und Immigration.[157]

All diese Faktoren führten dazu, dass Marie Le Pen mit guten Chancen bei der Präsidentschaftswahl 2017 antrat. Umfragen prognostizierten der FN Kandidatin eine Zustimmung von über 30 Prozent im ersten Wahlgang.[158] Am 23. April 2017 stand der erste Wahlgang zum höchsten Amt Frankreichs an. Le Pen erzielte mit 21,3 Prozent zwar das beste Ergebnis in der Geschichte des Front National, musste sich aber dem liberalen Kandidaten Emmanuel Macron geschlagen geben, der 24 Prozent der Stimmen erhielt.[159] Marie Le Pen zog zum ersten Mal in die Stichwahl um das Präsidentenamt ein und erreichte damit Stufe Vier auf der Karriereleiter. Trotz des historischen Erfolgs, blieb sie mit dem Ergebnis hinter ihren eigenen Erwartungen zurück. Im Verlauf des Wahlkampfes titulierte Marine Le Pen die 40 Prozent Hürde als „magische Grenze". Die Stichwahl am 07. Mai 2017 endete mit 33,9 Prozentpunkten für Marie Le Pen und 66,1 Prozent für den Kandidaten der Bewegung „En marche!".

---

[156] Vgl. Camus (2014: 24).
[157] Vgl. Kempin (2017b: 6).
[158] Vgl. Federl (2017).
[159] AFP (2017).

Aus dem Wahlergebnis lässt sich schließen, dass es dem FN mit seiner programmatischen Neuausrichtungen gelungen ist, eine breitere Wählerschaft anzusprechen. Die Basis des Front National hat sich seit der Übernahme Le Pens immer weiter soziologisch durchmischt. Die Stammwählerschaft ist deutlich jünger geworden und enthält einen größeren Teil an weiblichen Unterstützern. Trotz der Modernisierung und Verjüngung der Partei, ist sie nach wie vor in der Arbeiterschaft verortet, dennoch findet eine gesellschaftliche und geographische Öffnung statt.[160]

Einen Großteil dieses Wahlerfolgs verdank die Partie ihrer Anti-Establishment Position. Marie Le Pen macht die Eliten für die hohe Arbeitslosigkeit und die steigende Bedrohung durch den Terrorismus verantwortlich (2b, 4c). Dabei nutzt sie die wachsende Unzufriedenheit der Franzosen gegenüber der Arbeit der etablierten Parteien. Diese Entwicklung wird besonders an der Erosion des binären politischen Parteiensystems in Frankreich deutlich. In der Vergangenheit konnten die Konservativen und die Sozialisten regelmäßig einen Großteil der Stimmen für sich gewinnen. Bei der Präsidentschaftswahl 2017 standen sich die Kandidatin einer rechts-außen Partei und der Kandidat einer unabhängigen Partei gegenüber. Aus dieser Konstellation lassen sich zwei Schlüsse ziehen. Einerseits wird der Vertrauensverlust des Establishments deutlich, andererseits ist die Konstellation dafür verantwortlich, dass Marine Le Pen hinter ihren Wahlprognosen zurückblieb. Mit dem unabhängigen Kandidaten Emmanuel Macron gab in Frankreich eine weitere Möglichkeit einen Kurswechsel im Land voranzutreiben und seiner Unzufriedenheit gegenüber der Politik, des gemäßigten linken und rechten Lagers Ausdruck zu verleihen (2c).[161] So gaben bei einer landesweiten Erhebung im April 2016, 83 Prozent der Befragten an, das demokratische System Frankreichs funktioniere nur sehr schlecht und ihre Interessen seien dort nicht angemessen repräsentiert. Zugleich glaubten 89 Prozent, dass es den Politikern gleichgültig ist, was die Bevölkerung denkt, und 92 Prozent beklagten, ihr Vertrauen in die politischen Parteien vollständig verloren zu haben.[162] Neben seiner sozialliberalen Programmatik betonte auch Macron das Thema Sicherheit und kündigte während des Wahlkampfes an den Sicherheitsapparat in Frankreich auszubauen. Mit dem Eingriff Macrons in das politische Geschehen, hat der Front National einen großen Teil seiner Protestwählerschaft verloren (2b).

---

[160] Vgl. Camus (2014: 1).
[161] Vgl. Syrovatka (2017: 10).
[162] IPSOS (2016), zitiert nach Syrovatka (2017: 10).

5.3 Die Alternative für Deutschland – Vom Euroskeptizismus zur neuen Rechten in Deutschland?

5.3.1 Richtungsstreit in der AfD – Wahlerfolg in ostdeutschen Bundesländern als rechtspopulistischer Katalysator?

Wie in der Untersuchungsmethode beschrieben werden die unterschiedlichen Stufen der Karriereleiter als Anker genommen. In diesem Zusammenhang können einzelne Karrieresprünge zeitlich festgehalten und ihre Ursachen in den umliegenden Zeiträumen analysiert werden.

Die erste Stufe der Karriereleiter erlangte die AfD im Jahr 2013 kurz nach ihrer Gründung. Sie konnte innerhalb kürzester Zeit die nötigen Unterschriften zur Wahlteilnahme sammeln und war somit bei der Bundestagswahl 2013 in allen Bundesländern und in 158 Wahlkreisen mit Kandidaten vertreten. Zeitgleich trat sie bei den Landtagswahlen in Hessen an.

Das Erreichen der ersten Karriereleiter lässt sich anhand des Analyserasters zunächst auf der politischen Angebotsseite verorten. Durch den einheitlichen Kurs der etablierten Parteien bei der EU-Krise öffnete sich der politische Raum für eine eurokritische Partei (2b). Die AfD unter Bernd Lucke versuchte inhaltlich ein neues Politikangebot zu schaffen, welches eine Alternative zu den aktuellen EU-Politikangeboten der Parteien darstellte.[163] Im öffentlichen Diskurs wurde diese Gelegenheitsstruktur durch das Klischee des „faulen Griechen" noch verstärkt, sodass sich auf der politischen Nachfrageseite ein Mobilisierungspotenzial für die Thematik entwickelte. Die AfD verstand es die Interessen bestimmter Bevölkerungsteile zu mobilisieren, wobei Bernd Lucke als Professor für Makroökonomie die gewisse politische Integrität mitbrachte. In vielen nationalen Talkshows und renommierten Zeitungen bekam er die Möglichkeit den Standpunkt seiner Partei auf technokratische Art und Weise gegenüber den Altparteien zu vertreten.[164] Dadurch wurde die Sichtbarkeit, Resonanz und die Legitimität der Partei in der öffentlichen Wahrnehmung gesteigert (3a). In der Öffentlichkeit wollte man als die Alternative zur Regierungspolitik von Dr. Angela Merkel gelten und sich dadurch bei den Wählern profilieren.

---

[163] Vgl. Marcinkiewicz/ Jankowski (2015: 70).
[164] Vgl. Frankfurter Allgemeine Zeitung (2013)

Bei den Bundestagswahlen verpasste sie mit 4,7% knapp den Einzug in das nationale Parlament, wodurch sie den Sprung auf die dritte Ebene der Karriereleiter verfehlte. Dennoch erhielt sie dadurch parteistrategische Relevanz für die anderen Parteien. Besonders betroffen hiervon sind die CDU/CSU, die FDP und die Linke. Abbildung 12 lässt erkennen, dass die meisten AfD Wähler aus dem Lager der FDP stammen, wohingegen die zweitmeisten aus dem ehemaligen Lager der Linken entstammen. Aber auch die Union hat mit 290 000 Wählerstimmen Boden an die AfD verloren.

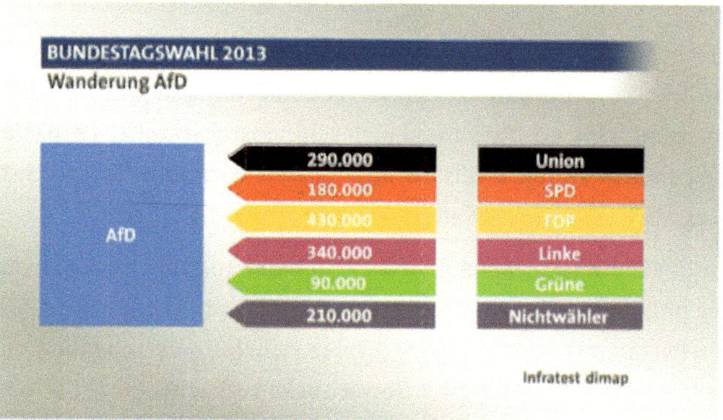

Abbildung 12: Analysen zur Wählerwanderung
(Norddeutscher Rundfunk 2013)

Aus diesem Grund hat sie spätestens zu diesem Zeitpunkt einen Einfluss auf den politischen Wettbewerb und somit die zweite Karrierestufe erreicht. Hierbei wirken sich die rechtlichen Rahmenbedingungen auf den Erfolg der AfD aus (4a). Durch die 5%-Hürde bei den Bundestagswahlen konnte sie nicht in das nationale Parlament einziehen. Ähnlich gestaltet sich diese Blockade auf Landesebene. Bei der Wahl zum Hessischen Landtag erhielt die AfD 4,1% der Stimmen und zog aufgrund der 5%-Hürde nicht in den Landtag ein.

Den nächsten Schritt auf der Karriereleiter machte die Alternative für Deutschland am 31.08.2014. Bei den sächsischen Landtagswahlen konnte sie mit 9,7% in den Landtag einziehen und ist fortan parlamentarisch repräsentiert. Zusätzlich ist rein rechnerisch eine minimale Gewinnkoalition mit der CDU möglich, sodass sie direkt die vierte Karrierestufe in Sachsen erreicht. Diesen Schritt konnte sie in weiteren ostdeutschen Bundesländern wiederholen. Am selben Tag zog sie mit 10,6% in den thüringischen Landtag ein. Auch hier wäre eine minimale Gewinnkoalition mit der SPD und der Linken rechnerisch möglich. Am 14.09.2014 erhielt sie 12,2% bei den

Landtagswahlen in Brandenburg. Eine governmentale Relevanz ist auch hier vorhanden, womit sie in allen Landtagen in denen sie vertreten ist die vierte Karrierestufe erreicht hat. Die Alternative für Deutschland kann also einen deutlichen Aufstieg verzeichnen. Dieser Aufstieg lässt sich mit Hilfe des Analyserasters genauer erläutern.

Auf der politischen Angebotsseite vollzog die AfD einen strategisch-ideologischen Wandel (2b), mit dem sie auf die Bedürfnisse der politischen Nachfrageseite reagierten. Bereits zur Bundestagswahl 2013 zeigte sich, dass die kritische Haltung vieler Wählerinnen und Wähler gegenüber der Zuwanderung ein wichtigeres Motiv für die Wahl der AfD war (1d), als ihr Kernanliegen die kritische Stellung gegenüber der Europäischen Union.[165] Dieser Trend wurde durch die Analyse der Europawahlen 2014 bestätigt. Einwanderung ist mit 40% vom AfD Wählerklientel genauso häufig als entscheidendes Wahlthema genannt worden wie eine stabile Währung mit 41%.[166] Begonnen hatte dieser Rechtsruck mit den oben aufgeführten Landtagswahlen in Ostdeutschland. Das Hauptaugenmerk der Partei verschob sich nun von einem wirtschaftsliberalen Kurs zu einem national-konservativen Kurs. Zeitgleich mit dem Wahlerfolg in Ostdeutschland treten viele ehemalige Mitglieder der Republikaner und der Schill-Partei bei, was einen Beweis für die rechtspopulistische Neuausrichtung der AfD darstellt (2a).[167] Die Ostdeutschen Landesverbände sahen sich durch die Wahlerfolge in ihrer rechtspopulistischen Ausrichtung bestätigt. Spätestens auf dem Essener Parteitag im Juli 2015, auf welchem sich Frauke Petry gegen Bernd Lucke durchgesetzt hat, ist die Transformation der Partei abgeschlossen (2a).[168] Auf der politischen Angebotsseite hat sich also eine rechtspopulistische Lücke gebildet, welche durch die Alternative für Deutschland gefüllt werden könnte. Um das Aufkommen dieser Lücke erklären zu können ist ein Blick auf die diskursiv-kulturellen Gelegenheitsstrukturen nötig.

Im Gegensatz zu den europäischen Nachbarstaaten konnte sich in Deutschland bisher keine rechtspopulistische Partei etablieren. Versuche rechtspopulistischer Parteien in das Parteienspektrum zu stoßen blieben bisher auf die regionale Ebene begrenzt. Die Republikaner unter ihrem Parteiführer Franz Schönhuber hatten Ende der 1980er Jahre und zu Beginn der 1990er Jahre beachtliche Wahlerfolge.

---

[165] Vgl. Schmidt-Beck (2014: 98ff.).

[166] Vgl. Decker (2015b: 29f.).

[167] Vgl. Niedermayer (2015: 197f.).

[168] Vgl. Bebnowski (2016: 25ff.).

Die Partei griff auf fremdenfeindliche Parolen zurück. Beispielsweise betrieb sie in Berlin 1998 Wahlwerbung, indem sie Bilder türkischer Migranten zeigte, welche mit der Musik aus dem Film „Spiel mir das Lied vom Tod" untermalt war. Dennoch erzielte sie mit 7,5% der Stimmen in Berlin und später mit 7,1% der Stimmen bei den Europawahlen beachtliche Erfolge. Ihr bestes Ergebnis erzielte sie bei den Landtagswahlen in Baden-Württemberg, hier konnte sie 10,9% der Stimmen für sich gewinnen. Nach der Wiedervereinigung konnten sich die Republikaner nicht in Ostdeutschland etablieren. Inhaltlich rückten sie dabei immer mehr an den rechtsradikalen Rand und wurden nach dem Parteiaustritt von Schönhuber 1995 parteipolitisch bedeutungslos.[169] Auch die im Juli 2000 gegründete rechtspopulistische Partei Rechtsstaatlicher Offensive blieb auf regionale Ebene begrenzt. In Hamburg konnte sie bei den Bürgerschaftswahlen 2001 19,4% der Wählerstimmen vereinnahmen und wurden Mitglied in der Regierungskoalition aus CDU und FDP. Führungsfigur der Partei war Ronald Barnabas Schill, welcher sich als „Richter Gnadenlos" in den Medien einen Namen gemacht hatte und als Zweiter Bürgermeister und Innensenator vereidigt wurde. Kernanliegen der sogenannten Schill-Partei war die Innere Sicherheit. Die populistische Neigung der Partei wurde im Rahmen einer Bundesratssitzung im Jahr 2002 deutlich. Innerhalb dieser äußerte sich Schill in einer Sondersitzung zur Flutkatastrophe abschätzig über das politische Establishment in Deutschland. Demnach würden deutsche Politiker zu viel Geld für Flüchtlinge und Entwicklungshilfe ausgeben, sodass Mittel für die Versorgung der eigenen Bevölkerung fehlen.[170] Nachdem Schill weitere Negativschlagzeilen produziert hatte, wurde die Koalition in Hamburg von Seiten der CDU aufgekündigt. Bei den darauffolgenden Bürgerschaftswahlen verlor die Schill-Partei einen Großteil ihrer Wählerschaft und verpasste den Einzug ins Parlament deutlich. Heute macht Ronald Schill nur noch mit diversen TV-Trashformaten auf sich aufmerksam.[171]

Mit rechtspopulistischen Parteien wurden also auf kulturell-diskursiver Ebene negative Erfahrungen assoziiert (3b, 3d). Die Erkenntnisse aus dem Scheitern der Republikaner und der Schill-Partei, sorgten in Deutschland für eine schlechte Resonanz in den Massenmedien, wodurch auch die rechtspopulistischen Werthorizonte in der Gesellschaft beeinflusst wurden. Ein weiterer wichtiger Punkt, der im

---

[169] Vgl. Hartleb (2017: 97).

[170] Vgl. Hartleb (2004: 173ff.).

[171] Vgl. Hartleb (2005: 174f.).

Zusammenhang mit kulturell-diskursiven Gelegenheitsstrukturen für rechtspopulistische Parteien steht, ist die NS-Vergangenheit. In der deutschen Bevölkerung spielt die Auseinandersetzung mit der verbrecherischen nationalen Vergangenheit weiterhin eine große Rolle. Rechtspopulistische Parteien, die in Verbindung mit nationalsozialistische Gedankengut gebracht werden, finden deshalb schlechte Gelegenheitsstrukturen vor (3c). Auch die politische Angebotsseite war so ausgerichtet, dass der rechte Rand von den Volksparteien integriert werden konnte (2c). Vor diesem Hintergrund fanden rechtspopulistische Parteien in Deutschland also bis dahin keinen Nährboden vor, um die politische Nachfrageseite für sich zu gewinnen. In diesem Zusammenhang drängt sich also die Frage auf, wie es der AfD innerhalb weniger Monate gelang, die vierte Stufe der Karriereleiter zu erklimmen?

2010 eröffnete Thilo Sarrazin durch sein Buch „Deutschland schafft sich ab", den diskursiven Raum für rechtspopulistische Themen in der Öffentlichkeit (3b). Sarrazin behauptete in seinem Buch, dass er in muslimischen Migranten eine Bedrohung für die Zukunft Deutschlands sieht und Deutschland ein Land der Deutschen bleiben solle. Er kritisiert damit die Einwanderungs- und Migrationspolitik in Deutschland. In den Medien wurde die Thematik kontrovers diskutiert, wobei Sarrazins Buch zu einem der meistverkauften Bücher avancierte.[172] Zudem gelang es den etablierten Volksparteien, allen voran der CDU und der CSU nicht mehr den rechten Rand zu integrieren. Sie rückten inhaltlich auf dem Links-Rechts-Kontinuum weiter in Richtung Mitte (2c).

---

[172] Vgl. Frankfurter Allgemeine Zeitung (2010).

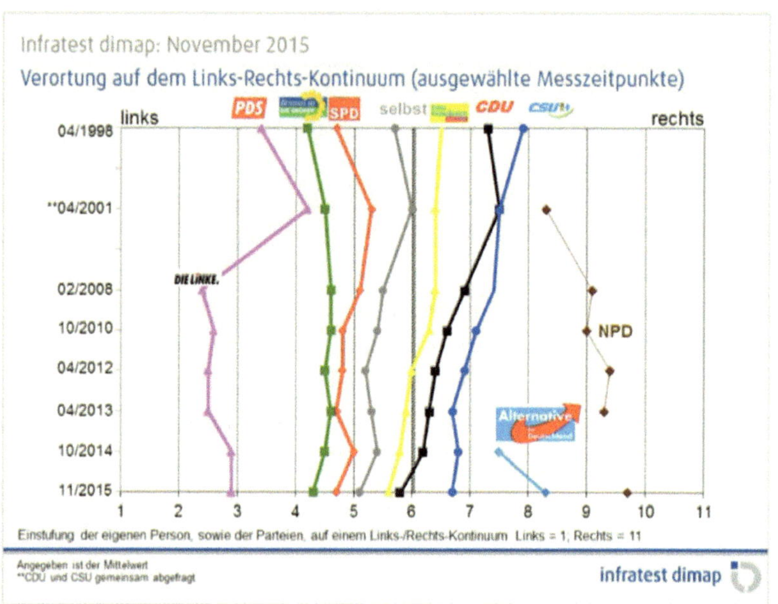

Abbildung 13: Verortung auf dem Links-Rechts-Kontinuum*
(Infratest dimap 2015)
*Zur Bedeutung der Links-Rechts-Einordnung als zentrale Entscheidungshilfe für Wahl-
absichten siehe Neundorf, Anja 2012.

Aus der obigen Abbildung geht hervor, dass eine repräsentative Anzahl der wahlberechtigten Bürger die CDU und CSU eher in der Mitte als Rechts verortet. Häufig
wird in diesem Zusammenhang von der „Sozialdemokratisierung der Union" gesprochen. Auf der Seite des politischen Angebots, haben die CDU und die CSU ihr
inhaltliches Angebot auf den wesentlichen Konfliktlinien so verändert, dass diese
den politischen Raum rechts von ihnen freigeben (2c). Die Einführung des gesetzlichen Mindestlohns, die Frauenquote in Spitzenpositionen, die Anerkennung
gleichgeschlechtlicher Lebenspartnerschaften, mittlerweile erweitert auf die Ehe
für alle und die Willkommenskultur während der Flüchtlingskrise, stellen einige
Beispiele dafür dar.[173] Aus diesem Grund hat sich rechts neben der CDU/CSU ein
Fenster für eine rechtspopulistische Partei geöffnet, welches durch die Alternative
für Deutschland besetzt wird (2b).

---

[173] Vgl. Decker (2015a: 77).

5.3.2 Die Flüchtlingskrise – Ein "Geschenk" für die AfD?

Auch außerhalb der neuen Bundesländer konnte die AfD Erfolge verbuchen, welche zunächst jedoch nicht mit dem Wahlerfolg in ostdeutschen Bundesländern mithalten konnte. Am 15.02.2015 zog sie mit 6,1% in das Landesparlament Hansestadt Hamburg ein und schafft auch hier durch die 5%-Hürde direkt den Sprung auf die vierte Karrierestufe. Im Übrigen sind in Hamburg viele Mitglieder der ehemaligen Schill-Partei in führenden Parteipositionen. Beispielsweise wurde der ehemalige Innensenator der Schill-Partei, Dirk Nockemann, für die AfD in die Hamburger Bürgerschaft gewählt.[174] Ebenso zieht die AfD in die Bürgerschaft der Hansestadt Bremen ein. Mit 5,5% der Stimmen hält sie zunächst vier Mandate. Damit erreichte sie nicht die nötigen fünf Mandate, um Fraktionsstärke zu besitzen. Weiterhin verließen, nach dem Parteiaustritt des liberalen Flügels der AfD im Juli 2015, drei AfD Abgeordnete ihre Partei. Somit ist momentan nur Alexander Tassis für die AfD in der bremischen Bürgerschaft vertreten.[175] Aus diesem Grund spielt die AfD in Bremen keine Rolle bei der koalitionsstrategischen Inklusion und bleibt deshalb auf der dritten Stufe der Karriereleiter. Anhand der schwächeren Wahlergebnisse und der Demontage der bremischen AfD wird deutlich, dass der rechtspopulistische Kurs in den sogenannten alten Bundesländern bisher nicht ankommt. Die Parteiaustritte der Abgeordneten in Bremen zeigen, dass die Alternative für Deutschland hier mehrheitlich den liberalen Flügel um Bernd Lucke vertrat und nur eine Minderheit rechtspopulistisch ausgerichtet war (2a). Die politische Nachfrageseite in den alten Bundesländern zeigt also bislang wenig Interesse an rechtspopulistischen Themen (1c). Somit lässt sich der geringere Wahlerfolg der Partei in Hamburg und Bremen erklären. Doch die Wahlerfolge in Westdeutschland sollten nicht lange auf sich warten lassen.

Knapp zehn Monate später am 13.03.2016 konnte die Alternative für Deutschland auch in den alten Bundesländern beachtliche Wahlerfolge verzeichnen. In Baden-Württemberg erreicht sie mit 15,1% der Stimmen die dritte und vierte Stufe der Karriereleiter. Auch hier ist die AfD nun parlamentarisch repräsentiert und besitzt als drittstärkste Kraft hinter den Grünen und der CDU governmentale Relevanz.[176] Am gleichen Tag zog sie mit 12,6% in den rheinland-pfälzischen Landtag in Mainz

---

[174] Vgl. Handelsblatt (2014).

[175] Vgl. Bremische Bürgerschaft (2017).

[176] Vgl. Landeszentrale für politische Bildung Baden- Württemberg (2016).

ein. Auch in Rheinland-Pfalz ist sie als drittstärkste Kraft hinter der SPD und der CDU governmentale relevant und erreicht die vierte Karrierestufe.[177] In Sachsen-Anhalt konnte die AfD sogar ihr bestes Wahlergebnis auf Länderebene verzeichnen. Mit 24,3% wurde sie zweitstärkste Kraft hinter der CDU und erreicht auch hier die vierte Stufe der Karriereleiter.[178] Zudem konnte sie in Mecklenburg-Vorpommern 14,2% in Berlin sogar 20,8% der Stimmen erobern. Zu diesem Zeitpunkt erklimmt sie auch hier die vierte Stufe der Karriereleiter und ist nun in elf Landtagen vertreten.

Die AfD kann also neue Rekordergebnisse verbuchen und diese sowohl in West- als auch in Ostdeutschland. Zehn Monate zuvor konnte sich die AfD in westdeutschen Landtagswahlen gerade über die 5%-Hürde retten, nun ist sie als drittstärkste Kraft in zwei westdeutsche Landtage eingezogen.

Wie lässt sich dieser Zuwachs an Wählerstimmen erklären?

Die globalen Flüchtlingszahlen stiegen im Jahr 2015 drastisch an. Humanitäre Katastrophen in Syrien, Afghanistan, Somalia, Eritrea und zahlreichen weiteren Ländern wurden zum Dauerthema in den deutschen Medien. Das brisante dabei, die Flüchtlingsbewegungen waren nicht auf die Herkunftsregionen beschränkt. Eine immer größere Anzahl von Geflüchteten halten die Situation in ihren Herkunftsländern für so unerträglich, dass sie erhebliche Risiken auf sich nehmen um die Wohlstandszone Europa zu erreichen. Deutschland gilt in diesem Zusammenhang als eines der wichtigsten Zielländer. Die Bundesrepublik Deutschland erzielt durch seinen Ruf als Exportweltmeister, die politische Stabilität und die hohen sozialen Standards eine hohe Anziehungskraft auf die Flüchtlingsströme. Begünstigt wird diese Wanderbewegung durch den Zerfall der Pufferstaaten, wie beispielsweise Libyen oder den Kollaps des Dublin-Systems. Im Herbst 2015 gab es also eine massive Veränderung der politischen Rahmenbedingungen (4c), wovon allem voran die ideologisch nun rechtspopulistisch ausgerichtete AfD profitierte. Deutschland wurde mehr oder weniger unvorbereitet von den massiven Flüchtlingsströmen überrollt. Waren es im Jahr 2013 nur 127.000 Asylanträge, kamen 2014 bereits 202.000 und 2015 890.000 Asylsuchende nach Deutschland. In vielen Bundesländern, Städten und Kommunen wurden die Kapazitätsgrenzen zur Unterbringung

---

[177] Vgl. Landeswahlleitung Rheinland- Pfalz (2016).
[178] Vgl. Statistisches Landesamt Sachsen-Anhalt (2016)

erreicht. Aus diesem Grund wurden diverse Schulturnhallen, Container und Zelte zu Aufnahmeeinrichtungen umfunktioniert. Auch das Bundesamt für Migration und Flüchtlinge (BAMF), wurde durch den massenhaften Eingang von Asylanträgen überfordert.[179] Die Veränderung der politischen Rahmenbedingungen, im speziellen hier die soziokulturellen Entwicklungen durch die einsetzende Flüchtlingskrise (4c), haben den politischen Wettbewerb zugunsten der AfD beeinflusst. Um diesen Trend erklären zu können, werden wiederum die einzelnen Elemente des politischen Wettbewerbsmodells untersucht. Auf der Seite der politischen Nachfrage wurde das Flüchtlingsthema zu einem der wichtigsten Katalysatorthemen in der Gesellschaft (1b, 1c). Die Gesellschaft misst durch den hohen Zustrom an Asylsuchenden dieser Thematik eine hohe Relevanz zu. Auf der politischen Angebotsseite herrscht derzeit ein großkoalitionärer Konsens beim Umgang mit den Asylsuchenden vor. Doch nicht nur die Regierungsparteien, sondern auch in der Opposition herrscht breite Zustimmung zu der von der Bundeskanzlerin propagierten Willkommenskultur (2b, 2c). Dieses einheitliche strategische Konzept sorgte für eine Entfremdung zwischen den Parteieneliten und einem Teil der Bürgerschaft. Aus diesem Grund liegt eine Ursache der großen AFD Zustimmung in der großen Koalition begründet. Aus der Perspektive der Wählerinnen und Wähler werden keine unterschiedlichen Politikangebote mehr gemacht. Hieraus resultiert unter anderem eine breite Politikverdrossenheit, welche sich in geringerer Wahlbeteiligung niederschlägt. Mithilfe der veränderten Rahmenbedingungen kann sich die AfD auf der politischen Nachfrageseite als „Anwalt der kleinen Leute" produzieren und mit den Abstiegsängsten der Mittelschicht Wähler mobilisieren(1b, 2b).[180] Der damalige brandenburgische AfD-Vorsitzende Alexander Gauland, heute Spitzenkandidat für die Bundestagswahl 2017, bezeichnete in diesem Zusammenhang die Flüchtlingskrise als Geschenk für seine Partei.[181] Deshalb verfolgte die rechtspopulistische AfD eine Gegenstrategie zu ihrer parteipolitischen Konkurrenz und verschaffte sich somit ein aussichtsreiches Agitationspotenzial auf der politischen Nachfrageseite.[182] Durch die offensive Besetzung der Flüchtlingsthematik, gelang es der AfD sich ein Alleinstellungsmerkmal als Anti-Einwanderungspartei zu verschaffen (2b). Auf diskursiver Ebene hat die Alternative für Deutschland ein

---

[179] Vgl. Landeszentrale für politische Bildung Baden- Württemberg (2017).

[180] Vgl. Häusler (2016: 5f.).

[181] Vgl. Handelsblatt (2015).

[182] Vgl. Hartleb (2017: 101).

sogenanntes Double-Bind-Verhältnis zu den klassischen Medien. Auf der einen Seite zeigt sie offen ihre Abneigung gegenüber den Mainstreammedien und diffamiert sie als Lügen- oder Lückenpresse. Auf der anderen Seite hingegen hat sie den Drang unbedingt in diesen Medien vorzukommen, um ihre Sichtbarkeit in der Öffentlichkeit zu erhöhen. Durch geschickte Inszenierung versucht sie in den öffentlichen Medien für ihre rechtspopulistische Agenda zu werben, wobei sie sich gleichzeitig von ihnen abgrenzt (3a, 3b). Bekannte Beispiele die die Sichtbarkeit der Partei erhöhen und gleichzeitig Werbung für ihre rechtspopulistischen Inhalte machen, ist der sogenannte Schießbefehl von Frauke Petry im Januar 2016. Außerdem inszeniert sie sich auch mit rechtspopulistischen Vertretern aus anderen Ländern, um ihre Sichtbarkeit zu erhöhen. So fand im Februar 2016 ein Kongress mit der österreichischen FPÖ in Düsseldorf statt. Daneben sorgt auch Björn Höcke durch rassistische Äußerungen bei diversen Veranstaltungen für eine hohe Präsenz in den Medien.[183] Gerade im Zusammenhang mit der Flüchtlingskrise erhalten rechtspopulistische Themen eine ständige Sichtbarkeit in den Medien und somit einen Zugang zum politischen Diskurs in der Öffentlichkeit (3a, 3b). Die AfD bedient, in ihren offiziellen Dokumenten wie in öffentlichen Äußerungen ihrer Sprecherfiguren, mehrere momentan in der Gesellschaft virulente Diskurse, um Wähler und Unterstützer mit unterschiedlichen Präferenzen zu erreichen. Dabei profitiert sie davon, dass bestimmte Vorurteile über das politische System in Deutschland existieren, welche von einem Teil der Gesellschaft anerkannt werden. Die AfD Funktionäre thematisieren diese Diskurse offensiv in der Öffentlichkeit und versuchen dadurch eine bestimme Klientel als Wähler zu gewinnen.

Besonders bekannt ist hierbei der öffentliche Diskurs um die postdemokratischen Zustände in Deutschland. Schon in den 1990er Jahren wurde in der Bundesrepublik hin und wieder von einer gewissen Politikverdrossenheit der Bürgerinnen und Bürger gesprochen, welche sich in einer sinkenden Wahlbeteiligung, am Mitgliederschwund der Parteien und am Verlust des Vertrauens in Parlamente und Parteien bemerkbar machte. Seit ein paar Jahren wird in diesem Kontext auch von der Postdemokratiedebatte gesprochen und erfreut sich seitdem großer Popularität quer durch die politischen Lager, vor allem im Anschluss an das gleichnamige Buch von Colin Crouch.[184]

---

[183] Vgl. Häusler (2016: 26ff.).
[184] Vgl. Crouch (2008).

Vor allem westliche Demokratien werden seiner Ansicht nach immer liberaler, woraus große Handlungsspielräume für Lobbyisten entstehen. Diese werden allen voran vom wirtschaftlichen Sektor systematisch für ihre Zwecke ausgenutzt, sodass nur noch wenige Interventionsmaßnahmen gegen die kapitalistische Ökonomie durchgeführt werden.[185] Für Colin Crouch sind diese Annahmen dies Basis, auf deren Grundlage er die Postdemokratie folgendermaßen definiert:

> ein Gemeinwesen, in dem zwar nach wie vor Wahlen abgehalten werden (...), in dem allerdings konkurrierende Teams professioneller PR-Experten die öffentliche Debatte während der Wahlkämpfe so stark kontrollieren, daß sie zu einem reinen Spektakel verkommt, bei dem man nur über eine Reihe von Problemen diskutiert, die die Experten zuvor ausgewählt haben. Die Mehrheit der Bürger spielt dabei eine passive, schweigende, ja sogar apathische Rolle, sie reagieren nur auf die Signale, die man ihnen gibt.[186]

Die Klage über eine politische Rhetorik der Alternativlosigkeit gehört ebenso zur Postdemokratiediagnose, wie der Ruf nach Demokratisierung durch mehr Bürgerbeteiligung. So gelingt es der Partei, Wählerprofit aus der Postdemokratiedebatte im öffentlichen Diskurs zu schlagen (3a). Durch Forderungen nach mehr Bürgerbeteiligung und direkter Partizipation, wendet sie sich als Anti-Partei-Partei gegen die Eliten die das politische System vollkommen infiltriert haben und Marionetten der Wirtschaftslobby sind. Besonders die Kompetenzverlagerung auf die supranationale Ebene der Europäischen Union, stellt in der Vorstellung der AfD ein Sinnbild der bürgerlichen Entmachtung dar.[187] Auch in diesem Punkt bestätigt die AfD ihre rechtspopulistische Ausrichtung, indem sie das Volk gegen die Eliten abgrenzt und sich selbst als „Anwalt des kleinen Mannes" inszeniert (2b). Dieser rechtspopulistische Diskurs wird durch die Parallelöffentlichkeit in den sozialen Medien zusätzlich verstärkt.

---

[185] Vgl. Crouch (2008: 10).
[186] Crouch (2008: 10).
[187] Vgl. Nestler/ Rohgalf (2014: 402ff.).

Abbildung 14: Die Parteien im sozialen Netz
(Statista 2017b)

Soziale Netzwerke sind für die politische Kommunikation mittlerweile unabdingbar. Sie ermöglichen es den Parteien, sich ohne den Umweg über die Medien an ihre Wähler zu wenden. Auf Facebook ist die AfD in dieser Hinsicht besonders erfolgreich. Dem Account der Bundespartei folgen hier über 330.000 Menschen. Auf Twitter liegen dagegen die Grünen mit fast 340.000 Followern vorne. Besonders die AfD findet günstige Voraussetzungen für den rechtspopulistischen Diskurs in den sozialen Medien vor. Schon 2016 hatte die AfD die Nase auf Facebook vorne und konnte mit gezielten online Posts eine Parallelöffentlichkeit in den sozialen Medien schaffen. Ein Verantwortlicher des AfD-Social-Media-Teams sagte gegenüber der Frankfurter Allgemeinen Zeitung, dass veröffentlichte Inhalte emotional sein müssen und polarisieren sollen.[188] Ärger über die GEZ, Kritik an der Flüchtlingskrise oder Wut über die angebliche Verantwortungslosigkeit von Spitzenpolitikern sind Inhalte die Aufmerksamkeit bringen. Inhaltliche Positionierungen werden in leichtverständlichen Statements formuliert. Die AfD-Landtagsabgeordnete Andrea Kersten beispielsweise kommentierte die Kriminalitätsstatistik in Sachsen

---

[188] Vgl. Steppat (2016).

wie folgt: „3400 bedauerliche Einzelfälle? Kriminalität in Asylheimen explodiert."
(3a, 3b)[189] In ganzen Zahlen klingt das viel. Dabei liegt die Kriminalitätsrate unter
Flüchtlingen etwa ein Prozent über dem Landesschnitt. Betrachtet man die Zusammensetzung der Flüchtlinge, die vor allem aus jungen Männern bestehen und damit
einer Risikogruppe angehören, ist das nicht ungewöhnlich. Bei der AfD ist so eine
Darstellung nicht die Ausnahme, sondern Teil eines Musters.

Die einsetzende Flüchtlingskrise wirkte sich also so auf den politischen Wettbewerb aus (4c), dass es der AfD gelang durch ihren rechtspopulistischen Kurs Wählerstimmen zu mobilisieren. Die politische Nachfrageseite änderte ihre inhaltliche
Orientierung durch das Katalysatorthema Flüchtlingskrise (1d). Gleichzeitig
konnte die nach links gerückte CDU/CSU den rechten Rand nicht mehr integrieren
(2c). Dabei hatten sowohl die Regierungsparteien, als auch die Oppositionsparteien einen einheitlichen Flüchtlingskurs. Die AfD wusste diese Lücke zu füllen und
inszenierte ihre rechtspopulistischen Ansichten im öffentlichen Diskurs. Auch
wenn die Mainstreammedien überwiegend negativ über sie berichtete, verlieh es
ihr eine hohe Sichtbarkeit und Resonanz in der Gesellschaft (3a). Zusätzlich
schaffte die Partei in den sozialen Medien eine Paralleöffentlichkeit abseits der traditionellen Medien und konnte dadurch weitere Wählerstimmen mobilisieren. Hier
wird deutlich, dass die Rekordwahlerfolge der Alternative für Deutschland auf Landesebene auch in den westdeutschen Bundesländern einen Ausgangspunkt besitzen, die Flüchtlingskrise. Sie veränderte die Rahmenbedingungen des politischen
Wettbewerbes so stark, dass sich die politische Nachfrageseite in die rechtspopulistischen Inhalte der AfD flüchtete. Radikal islamische Anschläge wie die auf den
Weihnachtsmarkt in Berlin und der Terror des Islamischen Staates in anderen Ländern Europas verstärkten diesen Trend zusätzlich.

5.3.3 Rechtsruck in Deutschland – Schließt die Union die rechte Lücke?

Im Jahr 2017 zeichnet sich wiederum ein neuer Trend ab. Mit 6,2% im Saarland,
5,9% in Schleswig-Holstein, 7,4% in Nordrhein-Westfalen und 6,2% in Niedersachsen ist die Alternative für Deutschland nun in 14 deutschen Landesparlamenten
vertreten. Im Saarland hätten sie zusammen mit der CDU Fraktion 27 Sitze, rein
rechnerisch wäre also eine minimale Gewinnkoalition möglich, weshalb hier die

---

[189] Vgl. AFD- Fraktion im Sächsischen Landtag (2016).

vierte Karrierestufe erreicht ist.[190] Auch in Schleswig-Holstein[191] und Nordrhein-
Westfalen[192] kann die Partei eine governmentale Relevanz verzeichnen. Zusätzlich
wären in Niedersachsen unterschiedliche Dreierbündnisse mit einer AfD-Beteili-
gung rechnerisch denkbar, weshalb auch in diesem Bundesland die vierte Stufe der
Karriereleiter erreicht ist[193]

Allerdings konnte die rechtskonservative Partei dieses Mal nicht an die Erfolge bei
den Landtagswahlen im vergangenen Jahr anknüpfen. 2016 lag die AfD noch bei
durchgehend zweistelligen Stimmanteilen, in Sachsen-Anhalt wurde sie gar mit
24,2 Prozent zweitstärkste Kraft nach der CDU. Von diesen Werten ist die Partei bei
den diesjährigen Wahlen weit entfernt. Unter sechs Prozent, wie in Schleswig-Holstein, lag sie zuletzt bei der Bürgerschaftswahl im Mai 2015 in Bremen. Bei der AfD
schleicht sich also bei den Landtagswahlen 2017 ein gewisser Abwärtstrend ein.

Auch dieser Wandel des Erfolgs beginnt bei den Rahmenbedingungen des politischen Wettbewerbs. Während im Jahr 2015 und 2016 die Flüchtlingskrise das all-
umfassende Thema auf der politischen Agenda war, sind zu hohe Flüchtlingszahlen
2017 nicht mehr das ausschlaggebende Katalysatorthema (4c). Wurden im Jahr
2015 476.649 und 2016 745.545 Asylanträge gestellt, waren es im ersten Halbjahr
2017 nur 111.616[194]. Neben internen Parteiquerelen in den letzten Monaten ist
auch die Tatsache, dass weniger Geflüchtete ins Land kommen ein Grund für das
schwache Abschneiden der AfD. Der Partei ist damit das zentrale Wahlkampfthema
abhandengekommen. Auch Partei-Vize Alexander Gauland räumte nach der Wahl
im nördlichsten Bundesland ein, dass Themen wie Bildung, Infrastruktur und Ener-
giewende die Menschen aktuell mehr beschäftigen. Ein wichtiger Grund liegt in der
Schließung der Balkanroute, welche zwar nicht mit der Unterstützung, aber mit
Billigung der Kanzlerin geschlossen. Zudem wurde durch den Türkei-Deal und andere Abkommen der Zuzug von Flüchtlingen stark gesenkt. Das Problem der AfD
ist, dass sie alleine mit der Flüchtlingsfrage in Verbindung gebracht wird. Einst an-
getreten als Anti-Euro-Partei, ist heute der Kampf gegen die Flüchtlingskanzlerin
Merkel zum politischen Aushängeschild der Partei geworden (2b).[195] Auch die

---

190 Vgl. Statistisches Amt Saarland (2017).
191 Vgl. Schleswig- Holsteinischer Landtag (2017).
192 Vgl. Der Landeswahlleiter des Landes Nordrhein- Westfalen (2017).
193 Vgl. Landesamt für Statistik in Niedersachsen (2017).
194 Vgl. Bundesamt für Migration und Flüchtlinge (2017:1).
195 Vgl. Denkler (2017).

immer wiederkehrenden Unruhen zwischen den Parteispitzen beeinflussten die Ergebnisse bei den Landtagswahlen 2017. Auf Seiten der politischen Nachfrage zeigte das Führungspersonal eine mangelhafte Strategiefähigkeit, indem sie durch innerparteiliche Konflikte ihr öffentliches Bild weiter demontierte (1e). Geprägt sind diese Streitigkeiten von unterschiedlichen strategischen Ansichten sowie politik-inhaltlichen Standpunkten. Desweiteren wurden persönlichen Rivalitäten auf der öffentlichen Bühne ausgetragen (2a). Im Kern spielen dabei drei unterschiedlichen Parteiflügel eine Rolle, die vom Spitzenpersonal vertreten werden. Ein rechtspopulistischer Flügel um Björn Höcke, die national-konservative Seite vertreten durch Alexander Gauland und eine gemäßigt pragmatische Richtung, welche einen realpolitischen Kurs vertritt. Dieser soll die Partei auf absehbare Zeit koalitionsfähig machen und wird von Frauke Petry und Marcus Pretzell repräsentiert. Nachdem sich der interne Konflikt zwischen den einzelnen Strömungen über Monate aufgeschaukelt hat, erreichte er durch Björn Höcke seinen vorzeitigen Höhepunkt. Nachdem er in Bezug auf das Holocaust-Mahnmal in Berlin eine erinnerungspolitische Wende um 180 Grad forderte, beantragte Frauke Petry ein Parteiausschlussverfahren gegen einen der prominentesten AfD-Politiker. Auf dem Kölner Parteitag verlagerte Petry die Streitigkeiten in der Partei auf eine strategische Ebene und versuchte durch einen Antrag einen realpolitischen Kurs der Partei durchzusetzen. Ihr parteiinterner Konkurrent Alexander Gauland steht dagegen für einen fundamentaloppositionellen Kurs. Frauke Petry wurde von den Parteidelegierten abgestraft indem ihr Antrag nicht behandelt wurde. Weiterhin wurde mit Alexander Gauland ihr schärfster Konkurrent zu einem der Spitzenkandidaten für die Bundestagswahl 2017 gewählt. Komplettiert wird die Doppelspitze durch Alice Weidel, welche eher der wirtschaftsliberalen und pragmatischen Seite zuzuordnen ist.[196] Die dauerhaften innerparteilichen Querelen des Spitzenpersonals haben der AfD in der öffentlichen Wahrnehmung geschadet. In den Medien war von der Selbstzerstörung der AfD die Rede (3a). Durch die negativen Medienberichte wurden die kulturell-diskursiven Gelegenheitsstrukturen der Partei verschlechtert, denn auf die hohe negative Sichtbarkeit in den traditionellen Medien folgte auch eine schlechte Resonanz in der Bevölkerung. Mögliche Wähler zweifelten an der inhaltlichen und organisatorischen Strategiefähigkeit der Partei und wandten sich anderen Parteien zu.

---

[196] Bundeszentrale für politische Bildung (2017a).

Die schlechteren Wahlergebnisse bei den Landtagswahlen 2017 lassen sich also durch zwei Faktoren erläutern. Auf der einen Seite verlor das Flüchtlingsthema an Relevanz (4c), welches der AfD ihre bisherigen Rekordergebnisse bescherte. Zusätzliche sorgten die parteiinternen Streitigkeiten für ein ungeschlossenes Bild der Partei in der Öffentlichkeit (2a, 3a), wodurch sich viele Wählerinnen und Wähler an die Selbstzerstörung anderer rechtspopulistischer Parteien wie die Republikaner oder die Schill-Partei erinnerten. Durch die veränderten politischen Rahmenbedingungen, wobei das Flüchtlingsthema nicht mehr als Katalysatorthema wirkte, verlor die AfD ihren Markenkern. Der fehlende Markenkern sorgte für einen Richtungsstreit in der Partei, weil sie ihre politischen Inhalte neu strukturieren muss und dabei keinen gemeinsamen Nenner fand.

Der Abwärtstrend auf der Länderebene konnte bei den Bundestagswahlen am 24.09.2017 jedoch nicht bestätigt werden. Mit 12,6% Stimmenanteil schafft die Alternative für Deutschland bei ihrem zweiten Anlauf den Sprung in den Deutschen Bundestag. Sie hat als drittstärkste Kraft im Parlament eine koalitionsstrategische Inklusion und kann theoretisch Teil einer minimalen Gewinnkoalition sein. Aus sich der Karriereleiter platziert sich die AfD auf der Bundesebene von diesem Zeitpunkt an auf der vierten Stufe. In diesem Zusammenhang stellt sich die Frage, wie es der AfD gelang den Abwärtstrend auf der Länderebene zu stoppen und bei der Bundestagswahl als drittstärkste Kraft in das nationale Parlament einzuziehen?

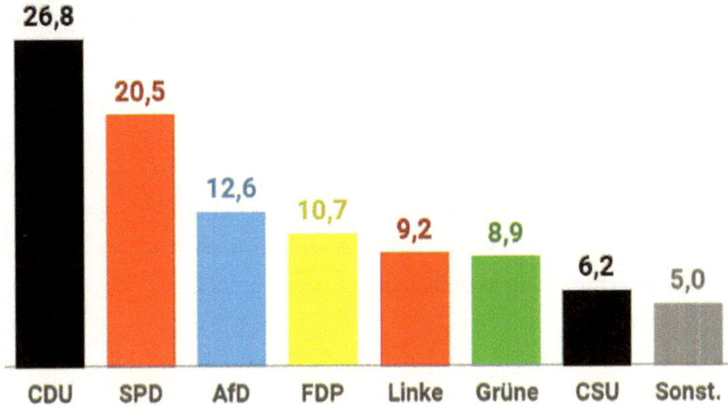

Abbildung 15: Ergebnis der Bundestagwahl 2017
(Bundestagswahl-2017)

Aus Sicht des politischen Wettbewerbsmodells spielt in diesem Zusammenhang auf
Bundesebene weiterhin die 2015 eintretende Flüchtlingskrise eine bedeutende
Rolle. Obwohl das Thema bei den Landtagswahlen 2017 nicht mehr als Erfolgsgarant für die AfD galt, hat diese Thematik auf Bundesebene eine andere Dynamik.
Funktionäre der Alternative für Deutschland brachten die große Koalition und allem voran die Bundeskanzlerin immer wieder in Verbindung mit den Verfehlungen
in der Flüchtlingspolitik. In diesem Zusammenhang nutzten die Terroranschläge,
welche in manchen Fällen von Menschen begangen wurden die in Deutschland einen Asylantrag gestellt hatten. Hierbei wurde Merkel persönlich beschuldigt, beispielsweise deklarierte Marcus Pretzell die Opfer des Berliner Attentats als „Merkels Tote".[197] Besonderes Mobilisierungspotenzial hat diese Thematik weiterhin in
Ostdeutschland. In den fünf ostdeutschen Bundesländern erzielte die AfD ihren
größten Erfolg und ist bezogen auf die Wahlergebnisse in Ostdeutschland hinter
der CDU (28,2%) mit 22,5% zweitstärkste Kraft.[198] Dennoch lässt sich der Erfolg
der AfD bei der Bundestagswahl nicht nur auf die Flüchtlingskrise und damit auf
die Rahmenbedingungen des politischen Wettbewerbs reduzieren. Auf der Seite

---

[197] Das Gupta (2016).
[198] Vgl. Kolb (2017).

des politischen Angebots wandte sich die Alternative für Deutschland offensiv gegen die politische Korrektheit und verfolgte damit eine Strategie, welche sie deutlich von den etablierten Parteien unterschied. Hierbei wendet sich die Partei gegen die in den Augen mancher Bürger übertriebene politische Korrektheit. Auf AfD Wahlkampfveranstaltungen gab es deshalb hemmungslose Kritik an dem scheinbaren „Genderwahn", mit seiner geschlechtersensiblen Sprache und den dazugehörigen Studiengängen. Weiterhin zentral in diesem Zusammenhang ist die Forderung, dass deutsche wieder einen Nationalstolz besitzen dürfen und das Eintreten für das klassische Familienbild, gepaart mit Kritik an der Einführung der Ehe für alle.[199] Auf der politischen Nachfrageseite erhielt sie aufgrund des Alleinstellungsmerkmals, gegenüber dem politischen Establishment, bei bestimmten Wählergruppen einen Zuspruch.

---

[199] Vgl. Peters (2017).

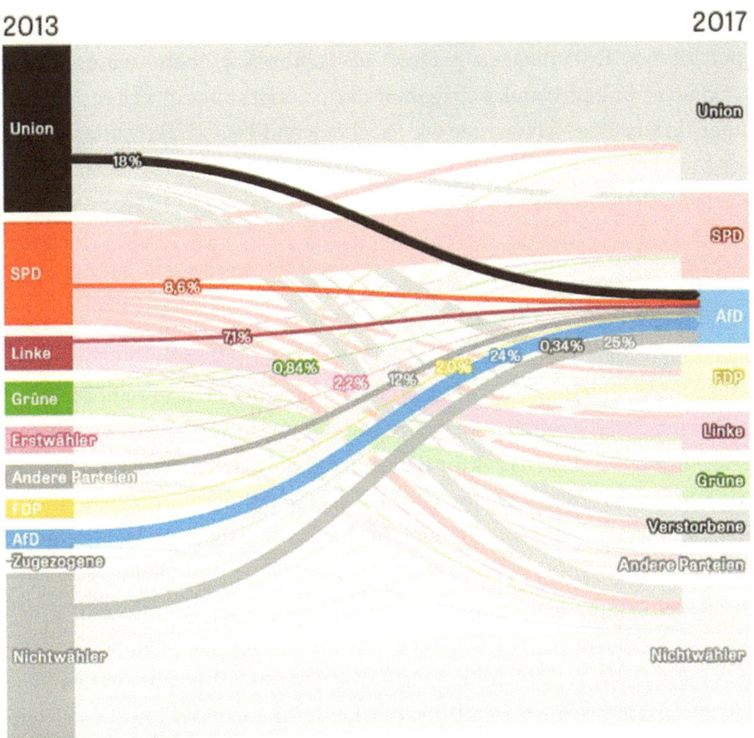

Abbildung 16: Wählerwanderung Bundestagswahl 2017
(Zeit Online 2017a)

Aus Abbildung 15 geht hervor, dass die AfD besonders erfolgreich Nichtwähler mobilisiert hat. Weiterhin gelang es ihr aus dem Lager der Union circa eine Millionen Stimmen für sich zu gewinnen und zudem etwa eine halbe Millionen Stimmen aus dem Lager der SPD und der Linken für sich zu vereinnahmen. Ein weiterer entscheidender Faktor für diesen Erfolg ist auf der Seite der kulturell-diskursiven Gelegenheitsstrukturen anzusiedeln. Durch gezielte Provokationen in der Öffentlichkeit gelang es der AfD in den klassischen Massenmedien immer wieder präsent zu sein. So forderte der Spitzenkandidat Alexander Gauland einen Schlussstrich unter die NS-Vergangenheit Deutschlands und fügte hinzu, dass „wir das Recht [haben], stolz zu sein auf Leistungen deutscher Soldaten in zwei Weltkriegen."[200] Mit Hilfe solcher Äußerungen wurde die Sichtbarkeit in den Massenmedien erhöht und

---

[200] Frankfurter Allgemeine Zeitung (2017c).

zudem der Umgang mit historischen Konflikten auf die Diskursagenda der rechtspopulistischen Öffentlichkeit gesetzt. Auf diskursiver Ebene wurde desweiteren
ein massiver Online-Wahlkampf geführt. Wie bereits angesprochen, ist die AfD besonders in sozialen Netzwerken wie Facebook und Twitter aktiv und versucht über
Fake News Empörung und Angst in der Öffentlichkeit zu schüren. Durch diese
Konstellation gelang es der AfD ihr Wahlergebnis von 2013 fast zu verdreifachen
und mit 12,6 2017 auf die vierte Stufe der Karriereleiter auf Bundesebene zu gelangen.

Abschließend lässt sich festhalten, dass die Alternative für Deutschland aktuell in
14 Landtagen vertreten ist und in 13 davon die vierte Karrierestufe, also eine koalitionsstrategische Inklusion erreicht hat. In den übrigen drei Bundesländern Bay-
ern, Hessen und Niedersachsen stehen die Landtagswahlen erst noch an. Der über-
mäßige Erfolg der Alternative für Deutschland bei den Landtagswahlen ist vorwie-
gend durch ein soziokulturelles Ereignis, die Flüchtlingskrise, zu erklären. Auf die
Veränderung der politischen Rahmenbedingungen haben die etablierten Parteien
nicht adäquat reagiert. Besonders der CDU gelang es nicht mehr rechtskonservative Wähler zu inkludieren, wodurch die AfD die parteipolitische Lücke rechts der
CDU schloss. Besonders die CSU versuchte diese Lücke zu schließen, indem sie öffentlich Kritik an der Flüchtlingskanzlerin übte und eine Obergrenze für Flüchtlinge forderte. Doch auch die CDU versucht mit Kampagnen gegen den Doppelpass
und die von Bundesinnenminister Thomas de Maiziére angestoßene Leitkulturde-
batte, mit Thesen wie „Wir sind eine offene Gesellschaft. Wir zeigen unser Gesicht.
Wir sind nicht Burka"[201] ihr konservatives Stammklientel zurückzugewinnen.

5.4 Die Partei für die Freiheit – Wilders das „Ein-Mann-Orchester"

5.4.1 Erfolgreiches Konzept? Die PVV tritt das Erbe Fortuyns an

Als sich Ende Juni 2006 die kleine Regierungspartei D66 aus dem Kabinett zurück-
zog und damit die Koalitionspartner CDA und VVD die absolute Mehrheit verloren,
mussten die Parlamentswahlen vom 15. Mai 2007 auf den 22. November 2006 vor-
gezogen werden. Die Partei für die Freiheit erhielt also bereits Acht Monate nach
ihrer Gründung, die Möglichkeit ins politische Geschehen einzugreifen. Aus dem
Stand erreichte sie 5,9 Prozent der Stimmen und zog damit ins niederländische
Parlament ein. Orientiert man sich an der Karriereleiter wird der Erfolg Wilders

---

[201] Bundesministerium des Inneren (2017).

noch einmal deutlich. Mit dem Einzug in die zweite Kammer, ist der direkte Sprung von Stufe Null auf Vier gelungen. Neben der parlamentarischen Repräsentation, hatte die Partei rein rechnerisch die Möglichkeit als Koalitionspartner, Regierungsverantwortung zu übernehmen. Zusammen mit CDA, PvdA würde man die minimale Gewinnkoalition im Parlament bilden. Analysiert man den der Erfolg der PVV mit Hilfe des Analyserasters wird deutlich, dass soziokulturelle Entwicklungen und das politische Angebot der vorangegangenen Jahre ausschlaggebende Faktoren waren. (2b, 4c).

Bereits bei den Parlamentswahlen im Jahre 2002 erreichte eine rechtspopulistische Partei („Liste Fortuyn" LPF) 17,3 Stimmen und bildete zusammen mit den Demokraten und Rechtsliberalen die Regierung. Der gesellschaftliche Nährboden für diese Entwicklung lag nach Eckert darin, dass es den Niederländern nicht gelungen sei, sich auf die kulturelle Globalisierung ihrer Lebenswelt einzustellen. Hierzu zählten eine vernachlässigte Reflexion der eigenen Identität und die kulturelle Kompetenz, sich mit unbekannten Menschen und Religionen, insbesondere dem Islam auseinanderzusetzen (1b).[202] Pim Fortuyn wusste dieses Potential zu nutzen und offenbarte die Schattenseiten der überwiegend liberalen niederländischen Einwanderungspolitik (4c). Die Migrationsthematik wurde stets mit dem Islam als „rückständige Kultur", sowie den Terroranschlägen vom 11. September 2001 in Verbindung gebracht (2b).[203] Ein weiterer Grund, der den Aufstieg der rechtspopulistischen Partei Fortuyns begünstigte, war die zunehmende Orientierung der etablierten Parteien in Richtung Mitte (2c). Auf Seiten der politischen Nachfrage entstand damit ein politisches Vakuum, da kaum noch Unterschiede zwischen Christdemokraten, Sozialdemokraten, Konservativen und linken Liberalen erkennbar waren. Die zunehmende Medialisierung und Personalisierung, verstärkten Fortuyns Wirkung als charismatischer Newcomer und politische Alternative (2a).[204] Die Ermordung des Parteivorsitzenden wenige Tage vor der Wahl, sorgte in der Gesellschaft für große Erschütterung und zusätzliche mediale Aufmerksamkeit (4c, 3a). All diese Faktoren begünstigten den Aufstieg der rechtspopulistischen LPF, welche 2002 zur zweitstärksten Partei gewählt wurde und wie oben beschrieben

---

[202] Vgl. Eckert (2013: 14).

[203] Schweighöfer (2017).

[204] Vgl. Wielenga (2011).

als Juniorpartner an der Regierung mitwirkte.[205] Nachdem das Kabinett die Arbeit
aufnahm, kam es immer wieder zu parteilichen Streitigkeiten innerhalb der LPF.
Auch die Arbeit mit den Koalitionspartnern gestaltete sich als schwierig. An vielen
Stellen wird von einem „vergifteten Klima" gesprochen, sodass die Partei stetig an
Zustimmung verlor und sich 2007 letztlich auflöste.[206] Geert Wilders erkannte,
dass der Niedergang der LPF hauptsächlich auf strukturelle und personelle Schwächen zurückzuführen war und präsentierte sich 2002 als Nachfolger Fortuyns (2b).
Er forderte ein radikales Vorgehen gegenüber Menschen, die die Sicherheit der Niederlande gefährdeten. Mit Forderungen wie der präventiven Ingewahrsamnahme
von Ausländern und Ausbürgerung, bediente die PVV sowohl die Interessen der
ehemaligen LPF Anhänger, als auch weiter Teile der niederländischen Arbeiter-
und Mittelschicht (1a). Nachdem die Themen Islam und Migration bereits den
Wahlkampf 2002 bestimmten, konnte Wilders mit seinem Anti-Islam-Kurs, Einfluss auf die öffentliche Debatte nehmen (3b).

Verantwortlich für die Verbreitung von rechtspopulistischen Themen im öffentlichen Diskurs, waren verschiedene soziokulturelle Ereignisse. Nachdem das Gericht
festgestellt hatte, dass der erste politische Mord an Fortuyn von einem geistig ver-
wirrten Tierschützer verübt wurde, erreichte der islamistische Terror die Niederlande zwei Jahre später (2. November 2004). Auf offener Straße wurde ein nieder-
ländischer Regisseur von einem islamistischen Fundamentalisten hingerichtet
(4c). Die grausame Tat eines religiösen Fanatikers erschütterte das niederländische Wertesystem. Auch die Berichterstattung in den regionalen Zeitungen unter-
stützte mit Überschriften wie: „Wer ist der nächste", die angespannte Stimmung in
dem Land. Über Wochen bestimmte ein Kulturkampf zwischen rechten Ausländer-
feinden und radikalen Islamanhängern das Geschehen in Amsterdam. Hierbei wurden Kirchen und Moscheen beschädigt und Schulen in Brand gesteckt wurden
(3d).[207] Die hochemotionale Debatte über Leitkultur, Zuwanderung und Integration, stellte den liberalen Wertekanon in Frage und resultierte in einer Identitäts-
krise der Toleranz (1d). Verstärkt wurde dieser Effekt durch die plötzliche Kon-
frontation mit den Themen Identität, Migration und Islamisierung. Noch zur Jahrtausendwende wurde die Niederlande, mit ihrer toleranten Integrations- und Migrationspolitik, als eines der liberalsten Länder in Europa eingestuft. Diese

---

[205] Vgl. Reuter (2002).
[206] Eckardt (2003: 8).
[207] Vgl. Schümer (2004).

politische Einstellung geriet in den Folgejahren immer weiter unter Druck. Den Anstoß der Debatte lieferte der Publizist Paul Scheffer im Jahre 2000. In seinem Artikel „das multikulturelle Drama", machte er auf die Entstehung von Parallelgesellschaften und mangelnde Integration aufmerksam (4c). Die hoch gelobte niederländische Toleranz, wurde dort als Gleichgültigkeit gegenüber anderen Bevölkerungsgruppen identifiziert. Mit diesen Fakten konfrontiert, stellte sich erstmals die Frage nach der niederländischen Identität.[208] Die rasche Globalisierung und die Ausweitung der Europäischen Union verstärkten das Gefühl des Einflussverlusts und resultierte 2005 in einem Referendum zur europäische Verfassung. Die niederländische Bevölkerung sprach sich gegen die supranationale Verfassung aus (4c). Wilders erkannte, dass sich die politische Nachfrage weiter in Richtung nationaler Themen verschob und richtete sein politisches Angebot daran aus (1c). So forderte er in der dritten Säule seines Parteiprogramms, die Stärkung nationaler Interessen und Werte.[209]

Wilders machte sich die generelle Verunsicherung breiter Teile der niederländischen Bevölkerung zunutze und gründete die Partei für die Freiheit. Mit den vier Säulen Islam- Alarmismus, Populismus, Nationalismus, Recht und Ordnung präsentiert (2b, 2c) er sich als volksnaher Politiker, der die Ängste und Sorgen seiner Bürger ernst nimmt.[210] Wilders marginalisierte die religiöse Gruppe der Muslime zu potentiellen Verbrechern, die keinen Platz in einer niederländischen Gesellschaft haben sollten. Zudem forderte er die Schließung der Grenzen, ein Verbot des Korans und ein Stopp des Baus von Moscheen. Alle diese Maßnahmen seien nötig, um das Land wieder für die niederländische Bevölkerung sicher zu machen.[211]

5.4.2 Parlamentswahl: Die PVV in einer strategisch- wertvollen Position

Die nächste Stufe der Karriereleiter erreichte die PVV bei den Parlamentswahlen 2010, als sie mit 15,3 Prozent der Stimmen zweitstärkste Kraft im Land wurde. VVD und CDA bildeten eine Minderheitsregierung, die von Wilders geduldet wurde. Zusammen mit den Sitzen der PVV hatten die drei Parteien eine Mehrheit von einem Sitz im Parlament. Mit dieser Konstellation befand sich Wilders in einer strategisch

---

[208] Vgl. Wielenga (2011: 65ff.).

[209] Vgl. Vossen (2015: 51).

[210] Vgl. Vossen (2015: 50).

[211] Vgl. Schweighöfer (2017).

günstigen Position, da die Stimmen der PVV für die Regierungsfähigkeit benötigt wurden. Gleichzeitig war Wilders jedoch kein fester Bestandteil des Kabinetts, sodass er sich leicht von unpopulären Maßnahmen distanzieren konnte. Somit war die PVV in der Lage Einfluss auf die Regierungsarbeit zu nehmen, dafür die Verantwortung zu tragen.[212]

Aus sozioökonomischer Sicht begünstigte die wachsende Kluft zwischen Arm und Reich den Aufstieg Wilders (4c). Die im Februar 2007 gebildete Regierung aus christdemokratischer CDA, sozialdemokratischer PvDA und die christlich-sozialer CU, reagierte auf die gestiegene Nachfrage im Bereich der „sozialen Gerechtigkeit": Bereits nach einem Monat wurde ein Beschluss verabschiedet, demzufolge 40 Stadtviertel mit zusätzlichen Geldern ausgestattet werden. Mit einer jährlichen Unterstützung von rund 400 Millionen Euro, sollten in den Städten dringende Probleme angegangen werden.[213] Die wirtschaftliche Entwicklung im Sommer 2007 verhinderte jedoch, dass die Maßnahmen ihren gewünschten Effekt erzielten. Die Wachstumsrate der Wirtschaft verringerte sich von 3,7 Prozent im Jahre 2007, auf 1,7 Prozent im Jahre 2008 und erreichte mit -3,8 Prozent einen historischen Tiefpunkt im Jahre 2009.[214] Die ökonomische Entwicklung hatte auch Auswirkungen auf die Zahl der Arbeitslosen in den Niederlanden. Zu Beginn der Regierungsübernahme 2007 lag die Arbeitslosenquote noch bei 4,16 Prozent. Als es drei Jahre später zum Bruch des Kabinetts Balkenende Vier kam, lag die Erwerbslosenquote bereits bei 5 Prozent.[215] So war die Angst der Menschen vor dem sozialen Abstieg nach wie vor präsent.

Wilders wusste die generelle Unsicherheit zu nutzen, um die Kritik am Establishment weiter zu forcieren. Er machte die Eliten maßgeblich für die wachsende soziale Schieflage im Land verantwortlich (2b). Als Gegenentwurf zur elitären Spitze, zeichnet er das Bild des „hart arbeitende Niederländers," der nun die Konsequenzen, für die Fehlentscheidungen der etablierten Parteien tragen müsse. Mit Hilfe der politischen Figuren „Ingrid und Henk" wurde der Konflikt metaphorisch aufgeladen. Das hart arbeitende Ehepaar muss aufgrund ihres durchschnittlichen Einkommens in einem Stadtviertel mit hohen Migrationsanteil leben. Sie sind

---

[212] Vgl. Oudenampsen (2013: 191).
[213] Vgl. Giesbert (2007).
[214] Vgl. Eurostat (2016).
[215] Vgl. Statista (2017c).

besonders von den Folgen der liberalen Integrationspolitik und der wirtschaftlichen Entwicklung betroffen und leiden unter den negativen Folgen der zunehmenden Islamisierung (1d).[216] Wilders verwendete diese Metapher, um sich möglichst volksnah zu präsentieren.

Dabei profitierte die PVV auch vom öffentlichen Diskurs. Hier beschäftigen sich viele Niederländer mit den Themen: Islam, Sicherheit, Kriminalität und Angst vor dem sozialen Abstieg (3b). In seinem Parteiprogramm lieferte Wilders Lösungsvorschläge für die Themen, welche die politischen Nachfrage bestimmten (1d). Dabei kombiniert er die nationalistischen Einstellungen im Bereich der Migrations- und Integrationspolitik, mit einer linken Komponente auf sozioökonomischen Gebiet (2c): „auf unseren hart verdienten Wohlfahrtsstaat können wir stolz sein, doch in den letzten Jahrzehnten entwickelte er sich zu einem Magnet für schlecht ausgebildete Einwanderer [...] der Sozialstaat solle nur Niederländern und Einwanderern zugutekommen, die mindestens Zehn Jahre in den Niederlanden gelebt und gearbeitet hätten und assimiliert sind." [217]

Die Organisationsstruktur der PVV, lieferte das Fundament für eine stabile Entwicklung. Auch hier hat Wilders aus den Fehlern der LPF gelernt und wählte für seine PVV ein Parteienmodell, mit ihm als einziges Mitglied an der Spitze (2a). Auf diese Weise stellte Wilders die einheitliche politisch-ideologische Ausrichtung der Partei sicher. Die Abgeordneten und die Vertreter Provinzen und Gemeinden waren lediglich Angestellt, die bei parteiinternen Fragen kein Mitspracherecht besaßen. Alle politischen Handlungen der Akteure mussten im Vorfeld mit dem Parteivorsitzenden Wilders abgesprochen werden. Eine nicht zu unterschätzende Folge dieser Parteistruktur war die mangelnde Finanzierung: In den Niederlanden erhalten Parteien erst dann staatliche Zuschüsse, wenn diese mehr als 1000 Mitglieder auf sich vereinen können. Um die finanziellen Nachteile im Wahlkampf auszugleichen (fehlende Gelder für Werbekampagnen) setzte der Parteichef auf kostenlose Werbung in Form von medialer Aufmerksamkeit (3a). Diese wurde mit Hilfe öffentliche Provokationen, wie dem Anti Islam Film aus dem Jahre 2008 und ausufernder Sprache, immer wieder eingefordert. So bezichtigte man die Regierung öffentlich der Lüge, beschimpft Minister als Vollidioten und Schlappschwänze, oder titulierte junge afrikanische Jugendliche konsequent als Straßenterroristen. Für zusätzliche

---

216 Vgl. Krause (2014).
217 Vossen (2015: 52).

mediale Aufmerksamkeit sorgte seine persönliche Gefährdungssituation, (Wilders
lebt seit mehr als Zehn Jahren unter einer geheimen Adresse und steht 24 Stunden
unter Polizeischutz) die aus dem Politiker Wilders eine charismatische Figur
macht, deren Einfluss auf das politische Geschehen in den Niederlanden stetig
wächst (2a).[218]

5.4.3 „Ein erster Rückschlag.“

Einen ersten Rückschlag auf der Karriereleiter musste die PVV im Jahre 2012 hin-
nehmen, als man bei der Wahl zur zweiten Kammer 5,37 Prozentpunkte verlor. Die
bürgerlich-liberale VVD und die sozialdemokratische PvdA gingen mit einem Zuwachs von 6,09 bzw. 5,21 Prozent als Sieger der Wahl hervor und bildeten zusammen eine große Koalition unter Ministerpräsident Rutte. Die PVV verlor damit an
politischen Einfluss und machte in der parteipolitischen Karriere einen Rückschritt
auf Stufe Vier.

Wie konnte es zu dieser Entwicklung kommen? In der Literatur stößt man immer
wieder auf die Thesen verschiedener Autoren, die den rechten Parteien „Regie-
rungsunfähigkeit“ vorwerfen. Trifft diese Mutmaßung auch auf die PVV und ihre
Beteiligung im Kabinett Rutte Eins zu?[219] Tatsächlich sind die PVV und Wilders verantwortlich für die Auflösung der Regierung und die vorgezogenen Neuwahlen (1d,
1e). Als Auslöser gelten die Haushaltsverhandlungen im März 2012. Um die Aufla-
gen der Europäischen Union zu erfüllen sah sich die Regierung gezwungen eine
Haushaltskürzung von Sechszehn Milliarden Euro zu beschließen.

Wilders, der schon seit vielen Jahren für den Austritt der Niederlande aus der EU
plädierte (Wilders sieht in dem zusammenwachsenden Europa eine Gefährdung
der nationalen Souveränität und Identität), lehnte die Sparmaßnahmen ab (2b, 2c).
In der Folge sah sich Ministerpräsident Rutte am 23. April 2012 gezwungen, Köni-
gin Beatrix mit der Auflösung der Regierung zu beauftragen.[220] Aus der anschließenden Neuwahl gingen die europafreundlichen Rechtsliberalen und Sozialdemokraten als Sieger hervor. An dieser Stelle könnte man die Prognose wagen, dass ein
Großteil der niederländischen Bevölkerung durchaus europakritische Ansichten
vertritt, einen „Nexit“ wie ihn Wilders fordert jedoch kategorisch ablehnte (1d).

---

[218] Vgl. Vossen (2015: 54ff.).

[219] Vgl. Schneider (2016).

[220] Vgl. Vossen (2015: 48).

Neben dem Europaskeptizismus hatten auch strukturelle Faktoren Einfluss auf den Ausgang der Wahl. Viele Jahre galt das Parteienmodell „Wilders das Ein-Mann-Orchester" als stabil und Garant für den politischen Erfolg, seit der Parteigründung. Mit dem Austritt Brinkmanns, aus der PVV, öffnete sich ein neuer Blick auf die Parteistrukturen (2a). Brinkmann nannte neben den zu extremen Forderungen, (Wilders forderte die niederländischen Bürger auf, Probleme mit Ausländern auf einer Website zu melden) die parteiliche Organisation als Grund für seine Scheidung aus der Partei: „Die Partei funktioniert wie die Stasi [..] ein System, in dem ein Einzelner- nämlich Wilders- die gesamte Macht in seinen Händen hält, sei pervers."[221] Mit dem Verlust Brinkmanns stand auch die Regierungsmehrheit auf dem Spiel. Daraufhin erklärte er in einer Rede, dass er sein unabhängiges Mandat nutzen wolle, um Ministerpräsident Rutte zu unterstützen.

Bezüglich der These, dass populistische Parteien nicht in der Lage sind Regierungsverantwortung zu tragen (2b), kann in diesem Fall stellenweise zugestimmt werden. Die notwendigen Reformen waren nicht mit den Ansichten der PVV vereinbar und damit war Wildes zu keinerlei Kompromissen bereit. Es ist also kaum verwunderlich, dass ein Teil der niederländischen Bevölkerung das Scheitern der Regierung Rutte Eins, direkt mit dem Scheitern Wilders in Regierungsverantwortung in Verbindung bringt. Ein Teil der PVV Wähler begrüßte die entschlossene Haltung Wilders. Mit der Entscheidung das Sparpaket abzulehnen, auch mit dem Wissen, dass diese ihm möglicherweise den Platz in der Regierung kosten könnte, präsentiert sich Wildes als authentischer Politiker, der für seine Überzeugungen und sein parteiprogrammatisches Profil einsteht.

5.4.4 Die PVV auf dem Weg zur stärksten Kraft?!

Mit der europäischen Flüchtlingskrise (4c) gelang der PVV wieder der Sprung in die Erfolgsspur. Hätten die Parlamentswahlen in den Niederladen bereits im Januar 2016 stattgefunden, wäre die PVV laut Umfragen als stärkste Partei geworden. Mit den prognostizierten 40 Abgeordneten, wäre sie eindeutig stärkste Kraft im Parlament und Wilders in einer guten Ausgangsposition im Kampf um das Amt des Ministerpräsidenten.[222] Gleichzeitig wäre der PVV damit der Sprung auf die höchste Stufe der Karriereleiter gelungen.

---

[221] Dpa (2012).
[222] Vgl. Kirchner (2016).

Mit der Aufnahme von ca. 50.000 Flüchtlingen im Jahre 2015 und der anschließenden Flüchtlingskrise, entstand trotz positiver wirtschaftlicher Entwicklung (4c) (Wirtschaftsleitung um 2,1 Prozent gestiegen, EU Exporte auf Platz Zwei und sinkenden Arbeitslosenzahlen auf 5,5 Prozent) erneut große Verunsicherung in Teilen der niederländischen Bevölkerung. Nicht alle Teile der Bevölkerung profitierten im gleichen Maße von der ökonomischen Entwicklung. Die Sparmaßnahmen der niederländischen Regierung im Sozial- und Gesundheitswesen beispielsweise, führten bei weiten Teilen der Bevölkerung zu Frust und Enttäuschung (2b). Auch in mittelständischen Familien stieg mit der Flüchtlingskrise die generelle Sorge, über eine Verschlechterung der persönlichen Situation (3b).[223] Wilders nutzte diese Stimmung und schürte zusätzliche Ängste: Er warnte vor einem Asyl-Tsunami und bezeichnete islamische Flüchtlinge als tickende Zeitbomben, welche Sex- Terror verüben. Die einzige Möglichkeit dieser Entwicklung entgegenzusteuern ist der Austritt aus der EU und die Schließung der Grenzen (2b, 2c).[224]

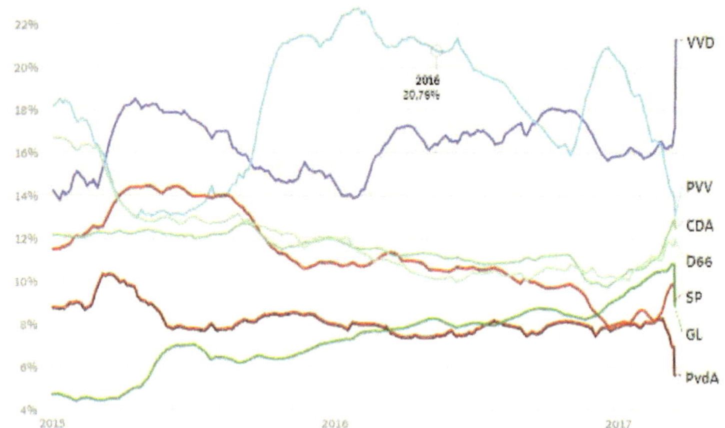

Abbildung 17: Umfragen und Wahlergebnis in den Niederlanden
(Süddeutsche Zeitung 2017).

Wie Abbildung 17 zeigt waren die Menschen zu Beginn und Mitte des Jahres 2016 besonders empfänglich für die radikalen und scheinbar einfachen Lösungen Wilders. Trotz der äußerst vielversprechenden Umfragewerte, verlor die PVV mit 13,1

---

[223] Süddeutsche Zeitung (2017).
[224] Vgl. Kirchner (2016).

Prozent der Stimmen klar gegen die rechtsliberale Volkspartei für Freiheit, welche bei den Parlamentswahlen im März 2017, 21,3 Prozent der Stimmen erhielt. Am Ende entwickelte sich die Wahl zu einem Kopf an Kopf Rennen zwischen dem europafeindlichen Wilders und dem pro-europäischen Ministerpräsident Rutte. Ein Grund Niederlag der PVV lag in der strategischen Ausrichtung Ruttes.

Er versuchte mit migrationskritischer Rhetorik, den verunsicherten Teilen der Bevölkerung eine Alternative zur islamkritischen PVV zu bieten. Dies gelang beispielsweise in einem offenen Brief im Januar 2017 (2c). An dieser Stelle kritisierte der Ministerpräsident indirekt Migranten, welche sich gegenüber Frauen und Homosexuellen intolerant verhielten.[225] Gleichzeitig zeigte er aber auch klare Kante gegenüber Wilders, indem er ihn als Extremist bezeichnete (2b, 2c).

Weiteren Zuspruch erhielt Rutte für seine konsequente Haltung gegenüber der Türkei und dem Verbot von türkischen Wahlkampfveranstaltungen auf niederländischen Boden. Mit diesem wahltaktischen Verhalten ist es Rutte gelungen, sich als einzige Person zu präsentieren, die den Sieg Wilders verhindern konnte (2b).[226]

Die Parlamentswahl 2017 wurde zudem durch verschiedenen außenpolitischen Ereignissen beeinflusst. Sowohl das Referendum Großbritanniens über den Verbleib des Landes in der Europäischen Union vom 23.06.2016, sowie die Wahl Donald Trumps zum Präsident der Vereinigten Staaten von Amerika am 08.11.2016, rückten die Wahlen in den Niederlanden in ein besonderes Licht (4c).

Der Brexit hatte weitreichende Auswirkungen auf das Bewusstsein der Europäer. Zum einen stärkte das Scheiden Großbritanniens den europäischen Geist, der verbliebenen Mitgliedsstaaten. Zum anderen nahmen die negativen ökonomischen Entwicklungen in Großbritannien, (sinkender Wert der Währung, steigenden Inflation, Steuererhöhungen, Abstufung der Kreditwürdigkeit) vielen EU-Kritikern den Wind aus den Segeln.[227]

Für die meisten Europäer war die Wahl Trumps zum Präsident der USA eine handfeste Überraschung. Die Niederländer sind in ihrer Reaktion auf die Wahl durchaus gespalten. Populistische Parteien wie die PVV begrüßten die Wahl. Wilders sprach in einem Interview von einer Revolution: „Die Politik wird ab dem heutigen Tag

---

[225] Vgl. Nuspliger (2017).
[226] Vgl. Nuspliger (2017).
[227] Vgl. Nuspliger (2017).

nicht mehr dieselbe sein [..], was in den USA möglich ist, ist hier ebenso möglich."
Bei den etablierten Parteien löste das Szenario große Sorgen aus. Sie hofften, dass
der „Schock" nach der Wahl Trumps einen mäßigenden Effekt haben würde.[228]

Diese Hoffnung sollte sich bei den Parlamentswahlen im März 2017 bestätigen. Mit
einer historischen Wahlbeteiligung von 81,9 Prozent (höchste Wahlbeteiligung seit
1986) ging die Parlamentswahl zu Ende. Die gestiegene Wahlbeteiligung (Steigerung von 7,3 Prozentpunkten im Vergleich zur Wahl 2012) lässt vermuten, dass es
den etablierten Parteien gelungen ist den noch unentschlossenen Teil der Bevölkerung zu mobilisieren. Trotz einer Steigerung von 10,08 auf 13,06 Prozentpunkte
und der Etablierung als zweitstärkste Kraft im Land, gilt die Partei Wilders als großer Verlierer der Wahl. Grund hierfür waren die vielversprechenden Umfrageer-
gebnisse vor der Wahl. Zudem boykottierten die etablierten Parteien eine Zusam-
menarbeit mit der PVV, sodass man keine Möglichkeit erhielt Regierungsverantwortung zu übernehmen. Da rein rechnerisch mit der PVV eine minimale Gewinnkoalitionen möglich war, befindet sich Wilders PVV aktuell auf Stufe Vier der Karriereleiter.

---

[228] Basche (2016).

6 Rechtspopulismus in Europa – Altes Muster oder neue Dynamik?

In Kapitel 5 fand eine umfassende Analyse der Erfolgsfaktoren rechtspopulistischer Parteien in der Vergangenheit und Gegenwart statt. Unter Zuhilfenahme der Karrierestufen konnte der politische Erfolg rechtspopulistischer Parteien objektiv quantifiziert werden. Dadurch ist es möglich die Erfolgsfaktoren anhand des politischen Wettbewerbsmodells herauszuarbeiten und diese den Karrierestufen zuzuordnen. Innerhalb der Abbildungen 17-20 werden dabei die primären Erfolgsfaktoren passend zur jeweiligen Karrierestufe zugeordnet. Diese Konstellation erlaubt es eine Aussage über die ursprüngliche Fragestellung: „Welche Faktoren bedingen den Erfolg von rechtspopulistischen Parteien in der Vergangenheit und Gegenwart?", zu treffen. Zudem wird anhand der Tabellen deutlich, ob die aufgestellte Hypothese: „Es gibt keinen Unterschied zwischen den Erfolgsfaktoren in der Vergangenheit und in der Gegenwart", zutrifft oder verworfen werden muss. Um eine detaillierte Analyse sicherzustellen, werden aus diesem Grund zunächst die beiden „alten" rechtspopulistischen Parteien, sprich der Front National und die Freiheitliche Partei Österreichs, hinsichtlich ihrer Erfolgsfaktoren in der Vergangenheit untersucht. Dazu werden die Höhepunkte der Karriereleiter als Ausgangspunkt ins Zentrum der Analyse gerückt. Mithilfe der herausgearbeiteten Erfolgsfaktoren gelingt es dann die Gemeinsamkeiten und Unterschiede bezüglich des Erfolgs der Parteien zu benennen.

Primäre Erfolgsfaktoren	Karrierestufen
Politische Angebotsseite (2b, 2c): Liberaler Regierungskurs unter Norbert Steger **Politische Nachfrageseite (1d, 1e):** Unzufriedenheit mit den liberalen Inhalten und dem Spitzenpersonal **Politische Angebotsseite (2a):** Parteimitglieder waren unzufrieden mit der Liberalisierung, Jörg Haider wurde als neuer Parteiobmann gewählt → Der rechtspopulistische Kurs unter Jörg Haider führte zur Aufkündigung der Koalition	**1983-1986:** Juniorpartner in einer Bundesregierung Sinowatz & Vranitzky I (Stufe 5)
Politische Angebotsseite (2b): Zweckbündnis zwischen ÖVP und SPÖ, um FPÖ aus der Regierung zu halten **Politische Angebotsseite (2b):** FPÖ mobilisierte gegen die große Koalition aus ÖVP und SPÖ (Kritik an der Konkordanzdemokratie) **Rahmenbedingungen (4c):** Im Rahmen des jugoslawischen Zerfalls erlebte Österreich die größte Flüchtlingswelle nach dem Ende des Zweiten Weltkriegs **Politische Angebotsseite (2b, 2c):** FPÖ besetzte rechtspopulistische Themen (Xenophobie, Anti-Establishment) → Die österreichische Konkordanzdemokratie und das Zweckbündnis der beiden Großparteien sorgten in Kombination mit den steigenden Flüchtlings- und Ausländerzahlen für einen stetigen Stimmenzuwachs im FPÖ Lager. Deshalb lassen sich die Kritik an der großen Koalition und die Instrumentalisierung der Asyl- und Ausländerproblematik als die entscheidenden Erfolgsfaktoren der FPÖ herausstellen.	**1987-1999:** Koalitionsstrategische Inklusion (Stufe 4)
Politische Angebotsseite (2b, 2c): FPÖ liberalisierte ihr politisches Angebot in der Regierungsverantwortung unter Susanne Riess-Passer **Politische Nachfrageseite (1d, 1e):** Unzufriedenheit mit den Inhalten und dem Spitzenpersonal **Politische Angebotsseite (2a):** Parteimitglieder waren unzufrieden mit dem Regierungskurs, Heinz-Christian Strache wurde als neuer Parteiobmann gewählt → Ähnlich wie unter Steger sorgte die Liberalisierung der FPÖ innerhalb der Regierungsverantwortung für große Unzufriedenheit in der Partei und bei den Wählern. Nachdem das politische Spitzenpersonal um Susanne Riess-Passer Strache abgelöst wurde, führte Strache ,wie damals Haider, die FPÖ zu einem rechtspopulistischen Oppositionskurs zurück.	**2000-2006:** Juniorpartner der Bundesregierung Schüssel I+II (Stufe 5)
Politische Angebotsseite (2b): Akteurskonstellation im Nationalrat zwang die SPÖ und die ÖVP in die große Koalition **Politische Angebotsseite (2b):** FPÖ mobilisierte gegen die große Koalition aus ÖVP und SPÖ (Dauerhafte Streitigkeiten zwischen den Parteien bot ein entsprechendes Mobilisierungspotenzial) **Rahmenbedingungen (4c):** Flüchtlingskrise 2015 Asylzahlen verdreifachten sich innerhalb eines Jahres **Politische Angebotsseite (2b, 2c):** FPÖ besetzt rechtspopulistische Themen (Islamophobie, Xenophobie, Anti-Establishment), ÖVP versuchte mit rechtspopulistischen Themen den rechten Rand zu integrieren → Die andauernden Streitigkeiten innerhalb der großen Koalition boten der FPÖ ein großes Mobilisierungspotenzial. Weiterhin besetzte die FPÖ im Zuge der Flüchtlingskrise offensiv rechtspopulistische Themen. Trotz der rechtspopulistischen Neujustierung der ÖVP gelang es dieser nicht, der Freiheitlichen Partei Österreichs das Stimmenpotenzial zu entziehen. Auch in diesem Kontext stellten die Kritik an der großen Koalition und die Instrumentalisierung der Asylproblematik die entscheidenden Erfolgsfaktoren der FPÖ dar.	**2006-2017:** Koalitionsstrategische Inklusion (Stufe 4)

Abbildung 18: Primäre Erfolgsfaktoren und Karrierestufen Freiheitliche Partei Österreichs

(eigene Darstellung)

Primäre Erfolgsfaktoren	Karrierestufen
Politische Angebotsseite (2b): Das Establishment orientierte sich zunehmend in Richtung Mitte, Liste Pim Fortuyn löste sich aufgrund innerparteilicher Streitigkeiten auf **Rahmenbedingungen (4c):** Die Niederlande ist eine traditionell liberale Nation. Dies zeigte sich auch in der weitestgehend liberale Einwanderungspolitik. **Rahmenbedingungen (4c):** Politische Morde an Pim Fortuyn (2002) und Theo van Gogh (2004) **Politische Nachfrage (1d):** Einwanderungs- Islamproblematik erhielt Einzug in den öffentlichen Diskurs **Politische Angebotsseite (2b, 2c):** Wilders PVV sorgte mit Islamophobie, Xenophobie und Anti-Establishment für Aufmerksamkeit → Da sich die etablierte Parteien zunehmend in die Mitte orientierten und sich die rechtsaußen Partei Liste Pim Fortuyn auflöste, entstand eine Lücke am rechten Rand. Die PVV konnte die politische Nachfrage nach innerer Sicherheit und der Einwanderungsproblematik bedienen. Wilders wusste diese Entwicklung zu nutzten und präsentierte sich als Nachfolger Fortuyns.	**2006 (November):** Koalitionsstrategische Inklusion (Stufe 4)
Rahmenbedingungen (4c): Finanzkrise **Kulturell- diskursive Gelegenheitsstrukturen (3b):** Öffentliche Diskurse zum Thema Islam, Sicherheit und Kriminalität und sozialer Abstieg **Politische Angebotsseite (2b):** Zerwürfnis des Kabinetts Balkenende IV sorgte für Neuwahlen und spielt den Regierungsgegner in die Hände. **Politische Angebotsseite (2b):** Wilders machte die Regierung für die Krise verantwortlich → Die Finanzkrise sorgte für zusätzliche Ängste (sozialer Abstieg) innerhalb der niederländischen Bevölkerung. Wilders verknüpfte auf der einen Seite die finanzielle Entwicklung mit der anhaltende Integrationsproblematik auf der anderen Seite und machte die Etablierten Parteien dafür verantwortlich.	**2006- 2010:** Koalitionsstrategische Inklusion (Stufe 4)
Politische Angebotsseite (2b, 2c): Zerwürfnis der Regierung, da Wilders nicht bereit war, die von der EU anzustrebenden Sparmaßnahmen mitzutragen **Politische Nachfrage Seite (1d, 1e):** Zweifel an der Regierungsfähigkeit Wilders, da er für die Neuwahlen verantwortlich gemacht wurde **Politische Angebotsseite (2b, 2c):** „Pro- oder Contra EU" bestimmt die Thematik des Wahlkampfes → Um die Auflagen der EU zu erfüllen sah sich die niederländische Regierung gezwungen ein Sparpaket zu verabschieden. Nachdem Wilders seine Zustimmung verweigerte wurde die Regierung aufgelöst und Neuwahlen angesetzt. Wilders büßte einen Teil der Stimmen ein, da ihm „Regierungsunfähigkeit" vorgeworfen wurde. Bei den anschließenden Neuwahlen stand das Thema „Europa" im Mittelpunkt der Diskussion.	**2010 (Juni)- 2012 (September):** Juniorpartner im Kabinett Rutte 1 (Stufe 5)
Rahmenbedingungen (4c): Flüchtlingskrise, Terroranschläge in Europa **Politische Angebotsseite (2b):** Große Koalition aus bürgerlich- liberalen VVD und der sozialdemokratischen PVdA **Politische Angebotsseite (2c):** Wilders ergänzte seine rechte Programmatik (Islamophobie, Xenophobie, Anti-Establishment), um eine linke Komponente auf Seiten der Sozialpolitik. Zudem machte Wilders die Regierung und die EU für die wachsende „Unsicherheit" im Land verantwortlich → Die Flüchtlingskrise sorgte für Verunsicherung innerhalb der niederländischen Bevölkerung. Desweiteren verstärkte die steigende Bedrohung durch den islamistischen Terrorismus, die Nachfrage nach Sicherheit im Land. Wilders nutzte diese Stimmung und prägte mit den Themen: Islam, Kriminalität und Integration die öffentliche Debatte. Wilders machte auch Stimmung gegen die „große Koalition" und machte deren Versagen verantwortlich für die Situation im Land. Die Programmatik der PVV fordert konsequentes Vorgehen gegen Einwanderer/Islam. Auf der anderen Seite präsentiert sich Wilders auch als Anwalt des kleinen „niederländischen" Mannes, der weitreichende Reformen im Bereich der Sozialpolitik forderte.	**2012- 2017 (März):** Koalitionsstrategische Inklusion (Stufe 4)

Abbildung 19: Primäre Erfolgsfaktoren und Karrierestufen Front National (eigene Darstellung)

Primäre Erfolgsfaktoren	Karrierestufen
Politische Angebotsseite (2b): Strategisch-ideologischer Wandel von eurokritisch zu rechtspopulistisch (Aufgrund der Wahlerfolge in Ostdeutschland) **Politische Angebotsseite (2b):** Einheitlicher Regierungs- und Oppositionkurs während der Griechenlandkrise **Politische Angebotsseite (2c):** Unionsparteien integrierten den rechten Rand nicht mehr (Sozialdemokratisierung der Union) → Durch den Erfolg bei den ostdeutschen Landtagswahlen, vollzog die AfD auch auf der restlichen Bundesebene einen ideologisch-strategischen Wandel. Von einer eurokritischen zur rechtspopulistischen Partei. In den westdeutschen Landtagswahlen konnte die AfD durch diesen Wandel vorerst nicht an die Rekordwahlergebnisse im Osten anknüpfen.	**2013-2015 (Juli):** Bundesebene: Wettbewerbsbeeinflussung (Stufe 2) Landesebene: Koalitionsstrategische Inklusion in vier Bundesländern (Stufe 4) + Parlamentarische Repräsentation in einem Bundesland (Stufe 3)
Rahmenbedingungen (4c): Flüchtlingskrise 2015 über 890.000 Asylanträge **Politische Angebotsseite (2b):** Einheitlicher Regierungs- und Oppositionskurs beim Umgang mit Flüchtlingen (Willkommenskultur) **Rahmenbedingung (4c):** Terroranschläge in Frankreich und Deutschland **Politische Nachfrageseite (1b, 1d):** Verunsicherung, Abstiegsängste, Gefühl der Unsicherheit (Terroranschläge) **Politische Angebotsseite (2b):** AfD besetzte rechtspopulistische Themen (Islamophobie, Xenophobie, Anti-Establishment) → Durch die eisetzende Flüchtlingskrise konnte die AfD auch in westdeutschen Landtagswahlen Rekordergebnisse erreichen. Weiterhin sorgte der einheitliche Regierungs- und Oppositionkurs für ein großes Mobilisierungspotenzial. Aus diesem Grund lassen sich die Kritik an der großen Koalition und die Instrumentalisierung der Asylproblematik als die entscheidenden Erfolgsfaktoren der AfD herausstellen.	**2015 (Juli)-2016:** Bundesebene: Wettbewerbsbeeinflussung (Stufe 2) Landesebene: Koalitionsstrategische Inklusion in neun Bundesländern (Stufe 4) + Parlamentarische Repräsentation in einem Bundesland (Stufe 3)
Rahmenbedingungen (4c): Rückgang der Flüchtlingszahlen **Politische Nachfrageseite (1d):** Flüchtlingskrise auf Landesebene nicht mehr als Katalysatorthema **Rahmenbedingungen (4c) & Politische Angebotsseite (2b):** "Flüchtlingskanzlerin" Merkel und die große Koalition als Verursacher der Flüchtlingskrise auf Bundesebene weiterhin im Fokus **Politisches Angebot (2b, 2c):** Union versuchte mit gezielten Themen den rechten Rand zu integrieren (Obergrenze, Leitkulturdebatte) → 2017 ist bezüglich der Wahlerfolge der AfD auf Landesebene ein Abwärtstrend zu erkennen. Die Flüchtlingskrise und große Koalition sind auf Landesebene nicht die entscheidenden Wahlfaktoren, wohingegen genau diese beiden Themen auf Bundesebene weiterhin das stimmenpolitische Zugpferd der AfD sind. Zusätzlich gelingt es der Union trotz gezielter rechter Themensetzung nicht den rechten Rand zu integrieren und der AfD somit das Stimmenpotenzial zu entziehen.	**2017:** Bundesebene: Koalitionsstrategische Inklusion (Stufe 4) Landesebene: Koalitionsstrategische Inklusion in 13 Bundesländern (Stufe 4) + Parlamentarische Repräsentation in einem Bundesland (Stufe 3)

Abbildung 20: Primäre Erfolgsfaktoren und Karrierestufen Alternative für Deutschland (eigene Darstellung)

Primäre Erfolgsfaktoren	Karrierestufen
Politische Angebotsseite (2b): Das Establishment orientierte sich zunehmend in Richtung Mitte, Liste Pim Fortuyn löste sich aufgrund innerparteilicher Streitigkeiten auf **Rahmenbedingungen (4c):** Die Niederlande ist eine traditionell liberale Nation. Dies zeigte sich auch in der weitestgehend liberale Einwanderungspolitik. **Rahmenbedingungen (4c):** Politische Morde an Pim Fortyun (2002) und Theo van Gogh (2004) **Politische Nachfrage (1d):** Einwanderungs- Islamproblematik erhielt Einzug in den öffentlichen Diskurs **Politische Angebotsseite (2b, 2c):** Wilders PVV sorgte mit Islamophobie, Xenophobie und Anti-Establishment für Aufmerksamkeit → Da sich die etablierte Parteien zunehmend in die Mitte orientierten und sich die rechtsaußen Partei Liste Pim Fortuyn auflöste, entstand eine Lücke am rechten Rand. Die PVV konnte die politische Nachfrage nach innerer Sicherheit und der Einwanderungsproblematik bedienen. Wilders wusste diese Entwicklung zu nutzten und präsentierte sich als Nachfolger Fortuyns.	**2006 (November):** Koalitionsstrategische Inklusion (Stufe 4)
Rahmenbedingungen (4c): Finanzkrise **Kulturell- diskursive Gelegenheitsstrukturen (3b):** Öffentliche Diskurse zum Thema Islam, Sicherheit und Kriminalität und sozialer Abstieg **Politische Angebotsseite (2b):** Zerwürfnis des Kabinetts Balkenende IV sorgte für Neuwahlen und spielt den Regierungsgegner in die Hände. **Politische Angebotsseite (2b):** Wilders machte die Regierung für die Krise verantwortlich → Die Finanzkrise sorgte für zusätzliche Ängste (sozialer Abstieg) innerhalb der niederländischen Bevölkerung. Wilders verknüpfte auf der einen Seite die finanzielle Entwicklung mit der anhaltende Integrationsproblematik auf der anderen Seite und machte die Etablierten Parteien dafür verantwortlich.	**2006- 2010:** Koalitionsstrategische Inklusion (Stufe 4)
Politische Angebotsseite (2b, 2c): Zerwürfnis der Regierung, da Wilders nicht bereit war, die von der EU anzustrebenden Sparmaßnahmen mitzutragen **Politische Nachfrage Seite (1d, 1e):** Zweifel an der Regierungsfähigkeit Wilders, da er für die Neuwahlen verantwortlich gemacht wurde **Politische Angebotsseite (2b, 2c):** „Pro- oder Contra EU" bestimmt die Thematik des Wahlkampfes → Um die Auflagen der EU zu erfüllen sah sich die niederländische Regierung gezwungen ein Sparpaket zu verabschieden. Nachdem Wilders seine Zustimmung verweigerte wurde die Regierung aufgelöst und Neuwahlen angesetzt. Wilders büßte einen Teil der Stimmen ein, da ihm „Regierungsunfähigkeit" vorgeworfen wurde. Bei den anschließenden Neuwahlen stand das Thema „Europa" im Mittelpunkt der Diskussion.	**2010 (Juni)- 2012 (September):** Juniorpartner im Kabinett Rutte 1 (Stufe 5)
Rahmenbedingungen (4c): Flüchtlingskrise, Terroranschläge in Europa **Politische Angebotsseite (2b):** Große Koalition aus bürgerlich- liberalen VVD und der sozialdemokratischen PVdA **Politische Angebotsseite (2c):** Wilders ergänzte seine rechte Programmatik (Islamophobie, Xenophobie, Anti-Establishment), um eine linke Komponente auf Seiten der Sozialpolitik. Zudem machte Wilders die Regierung und die EU für die wachsende „Unsicherheit" im Land verantwortlich → Die Flüchtlingskrise sorgte für Verunsicherung innerhalb der niederländischen Bevölkerung. Desweiteren verstärkte die steigende Bedrohung durch den islamistischen Terrorismus, die Nachfrage nach Sicherheit im Land. Wilders nutzte diese Stimmung und prägte mit den Themen: Islam, Kriminalität und Integration die öffentliche Debatte. Wilders machte auch Stimmung gegen die „große Koalition" und machte deren Versagen verantwortlich für die Situation im Land. Die Programmatik der PVV fordert konsequentes Vorgehen gegen Einwanderer/Islam. Auf der anderen Seite präsentiert sich Wilders auch als Anwalt des kleinen „niederländischen" Mannes, der weitreichende Reformen im Bereich der Sozialpolitik forderte.	**2012- 2017 (März):** Koalitionsstrategische Inklusion (Stufe 4)

Abbildung 21: Primäre Erfolgsfaktoren und Karrierestufen Partei für die Freiheit (eigene Darstellung)

Betrachtet man sich aus Sicht der Karrierestufen die erfolgreichste Zeit der Freiheitlichen Partei Österreichs und des Front National in der Vergangenheit, kann man bei der FPÖ die Zeitspanne von 2000-2006 und beim Front National das Jahr 2002, als Höhepunkte herausstellen. Im Zusammenhang mit der FPÖ ist es deshalb sinnvoll, die Jahre vor der Regierungsteilnahme von 2000-2006 zu untersuchen, um die entscheidenden Erfolgsfaktoren zu analysieren. Beim Front National hingegen spielt der Zeitraum vor der Teilnahme an der Stichwahl 2002 die entscheidende Rolle. Bei der tiefergehenden Analyse beider Parteien wird offensichtlich, dass die primären Erfolgsfaktoren beinahe identisch sind. Der entscheidende Erfolgsfaktor auf der Seite der FPÖ ist dabei die österreichische Konkordanzdemokratie (2b) und das Zweckbündnis der beiden Großparteien (2b), diese sorgten in Kombination mit den steigenden Flüchtlings- und Ausländerzahlen (4c) für einen stetigen Stimmenzuwachs im FPÖ Lager. Als direkte Folge der großen Koalition ist der Vertrauensverlust gegenüber dem politischen Establishment zu nennen (1a). Regierungs- und einwanderungskritische Stimmen erhielten aus diesem Grund Einzug in den öffentlichen Diskurs (3b). Deshalb lassen sich die Kritik an der großen Koalition und die Instrumentalisierung der Asyl- und Ausländerproblematik als die entscheidenden Erfolgsfaktoren der FPÖ herausstellen. Demgegenüber steht der Front National, welcher die wachsende Einwanderung (4c) und steigende Kriminalität (4c) instrumentalisierte, um die Verunsicherung in der französischen Gesellschaft weiter voranzutreiben. Die Themen des Front National (Kriminalität, Einwanderung und Sicherheit) bestimmten die öffentliche Debatte während des Wahlkampfs (3b). Den etablierten Parteien, welche zuletzt in einer „Kohabitation" regierten (2b), verloren zudem an Vertrauen innerhalb der Bevölkerung (1a). An dieser Stelle setzte Jean Marine Le Pen an und machte die etablierten Parteien für die Entwicklungen im Land verantwortlich. Betrachtet man sich die zentralen Punkte wird deutlich, dass besonders die Bereiche 1a, 2b, 3b und 4c für den Wahlerfolg der Parteien in der Vergangenheit verantwortlich waren.

Nachdem die primären Erfolgsfaktoren des alten Rechtspopulismus in der Vergangenheit herausgearbeitet wurden, werden nun die ausschlaggebenden gegenwärtigen Erfolgsfaktoren herausgestellt. Auch in diesem Zusammenhang werden anhand der Karrierestufen zunächst die erfolgreichsten Zeiten herausgezogen. Anhand dieser Ankerpunkte können dann die primären Erfolgsfaktoren im unmittelbaren Zeitraum davor herausgestellt und verglichen werden. Der größte Erfolg der Freiheitlichen Partei Österreichs in der Gegenwart bezieht sich auf die Wahlergebnisse der Nationalratswahl 2017. Hierbei konnte die FPÖ ihr zweitbestes

Wahlergebnis nach 1999 verbuchen. Obwohl sie augenblicklich noch auf der vierten Karrierestufe rangiert, ist die Wahrscheinlichkeit hoch, dass sie erneut als Juniorpartner in eine Regierung einsteigt und somit die fünfte Karrierestufe erreicht. Deshalb werden die primären Erfolgsfaktoren im Zeitraum von 2006-2017 als Erklärungsvariablen für den Erfolg herangezogen. Beim Front National stellt der Einzug in die Stichwahlen der französischen Präsidentschaftswahlen der herausragende Erfolg in der Gegenwart dar. Weshalb der Untersuchungszeitraum von 2011-2017 in den Vordergrund der Analyse rückt. Im Untersuchungszeitraum der FPÖ boten die andauernden Streitigkeiten innerhalb der großen Koalition der FPÖ ein großes Mobilisierungspotenzial (2b). Weiterhin besetzte die FPÖ im Zuge der Flüchtlingskrise (4c) offensiv rechtspopulistische Themen (3b). Trotz der rechtspopulistischen Neujustierung der ÖVP gelang es dieser nicht, der Freiheitlichen Partei Österreichs das Stimmenpotenzial zu entziehen. Auch in diesem Kontext stellten die Kritik an der großen Koalition (2b) und die Instrumentalisierung der Asylproblematik (4c) die entscheidenden Erfolgsfaktoren der FPÖ dar. Bei der Betrachtung der entscheidenden Erfolgsphase des Front National, ist zunächst die Neuausrichtung der Partei durch Marine Le Pen anzuführen. Mit ihrer politischen Strategie gelang es ihr den Front National salonfähig zu machen und für breitere Wählerschichten zu mobilisieren (2a, 2b, 2c). Darüber hinaus sorgte die Flüchtlingskrise in Europa und die wachsende Anzahl an Terroranschlägen für eine Verunsicherung innerhalb der französischen Gesellschaft (4c) und heizte zusätzlich rechtspopulistische Diskurse in der Öffentlichkeit an (3b). Zudem ging im Laufe der Jahre das Vertrauen in die etablierten Parteien immer weiter zurück (Fragmentierung des bipolaren Systems) (1a). Marine Le Pen machte die Eliten für die Entwicklung im Land verantwortlich und präsentierte ihre Partei als Alternative (2b). Auch bei der Betrachtung der primären Erfolgsfaktoren in der Gegenwart wird deutlich, dass es zwischen den Parteien große Überschneidungen gibt. Im besonderen Maße wurde der Erfolg primär durch die Faktoren 1a, 2b, 3b und 4c erzielt.

Zieht man den Vergleich auf zeitlicher Ebene, wird zudem deutlich, dass sich die primären Erfolgsfaktoren der rechtspopulistischen Parteien nicht verändert haben. Sowohl bei der Freiheitlichen Partei Österreichs, als auch beim Front National geben in der Vergangenheit und in der Gegenwart die gleichen primären Erfolgsfaktoren den entscheidenden Ausschlag. Während sich der Erfolgsfaktoren 2b und 1a in Österreich durch die Konkordanzdemokratie und das Zweckbündnis zwischen SPÖ und ÖVP auszeichnet, wird er in Frankreich durch die vorhandene Kohabitation zwischen den moderaten rechten und linken Lager wiedergespiegelt. In der Gegenwart wandeln sich die Erfolgsfaktoren 2b und 1a in Österreich von der Konkordanzdemokratie hin zum Vertrauensverlust durch den Dauerstreit in der großen Koalition aus SPÖ und ÖVP. Trotz des Zerfalls der Kohabitation, geht auch das Vertrauen der französischen Bevölkerung in die etablierten Parteien immer weiter zurück und findet seinen Ausdruck in der Fragmentierung des bipolaren Systems. Weiterhin sind sozio-kulturelle Ereignisse zentrale Erfolgsfaktoren. In diesem Zusammenhang wandelte sich in Österreich die Flüchtlingswelle aufgrund des jugoslawischen Zerfalls in den 1990er Jahren hin zur europaweiten Flüchtlingskrise 2015. Von dieser europaweiten Flüchtlingskrise profitierte auch der Front National unter Marine Le Pen. Der sich besonders aufgrund des islamistischen Terrors in Frankreich gegen die Aufnahme von Flüchtlingen stellte und daraus politisches Kapital schlagen konnte.

Der neue Rechtspopulismus wird innerhalb dieser Masterarbeit durch die Alternative für Deutschland und die Partei für die Freiheit repräsentiert. Auch diese Parteien erfreuen sich in der Gegenwart über einen wachsenden Zuspruch innerhalb der Gesellschaft. Deshalb ist es im Rahmen der Arbeit interessant auch die primären Erfolgsfaktoren dieser beiden Parteien auf Gemeinsamkeiten und Unterschiede hin zu analysieren. Aufgrund der nicht vorhandenen politischen Vergangenheit, stellen diese rechtspopulistischen Parteien neue Dynamiken in ihrem jeweiligen Parteienspektrum dar. Ihren bisher größten Erfolg aus Sicht des Karrierestufenmodells hatte die Alternative für Deutschland bei den Bundestagswahlen 2017. Hierbei ist sie von der Stufe zwei im Jahr 2013, auf die Stufe vier im Jahr 2017 gesprungen und in den Deutschen Bundestag eingezogen. Aufgrund dieser Tatsache spielt der Untersuchungszeitraum von 2013 bis 2017 die entscheidende Rolle bei der Erfolgsfaktorenanalyse. Ihren größten Erfolg feierte die Partei für die Freiheit bei den Parlamentswahlen im Jahre 2010 mit 15,5% der Wählerstimmen. Sie war als Mehrheitsbeschaffer an der Regierung beteiligt und erreichte damit die fünfte Stufe der Karriereleiter. Deshalb spielt hier der Zeitraum von 2005 bis zur Parlamentswahl die entscheidende Rolle. Der herausragende primäre Erfolgsfaktor der Alternative für Deutschland stellt die europaweite Flüchtlingskrise 2015 (4c) dar. Weiterhin sorgte der einheitliche Regierungskurs, im Rahmen der großen Koalition, besonders bezüglich des Umgangs mit Flüchtlingen für ein großes Mobilisierungspotenzial (2b). Diese Willkommenskultur, auch unterstützt durch die Opposition, sorgte für Verunsicherung und Verlustängste innerhalb der Bevölkerung. Besonders populär in der öffentlichen Wahrnehmung, wurde das Thema innere Sicherheit, welches aufgrund des islamistischen Terrors von der AfD mit der Frage nach Grenzschließung verbunden wurde (1b, 1d). Aus diesem Grund lassen sich die Kritik an der großen Koalition und die Instrumentalisierung der Asylproblematik als die entscheidenden Erfolgsfaktoren der AfD herausstellen.

Auch das Programm der Partei für die Freiheit ist bestimmt von den Themen, Sicherheit und Integration (2c). Als Ausgangspunkt gilt die traditionell liberale Einwanderungspolitik der niederländischen Regierungen (2b, 4c). Angeheizt durch den religiös motivierten Mord an dem Regisseur Theo van Gogh entstand in den Niederlanden ein öffentlicher Diskurs zur Einwanderungs- und Islamproblematik (1b, 1d, 3b). Gert Wilders machte die Regierung für die Entwicklung im Land verantwortlich (2b) und präsentiert sich als volksnaher Politiker, der sich den Sorgen der Bevölkerung annimmt (2b). Auch bei den neuen rechtspopulistischen Parteien gibt es hinsichtlich der Erfolgsfaktoren ähnliche Muster. Die entscheidenden Faktorensets bewegen sich auf der Ebene der sozio-kulturellen Ereignisse in Verbindung mit gezielter Anti-Establishment-Rhetorik. Während die AfD in Deutschland die amtierende Regierung unter Kanzlerin Merkel für die Flüchtlingskrise verantwortlich macht und damit politisch erfolgreich ist, mobilisiert die Partei für die Freiheit offensiv gegen die liberale Einwanderungspolitik der niederländischen Eliten. In beiden Fällen stehen also die Erfolgsfaktoren 4c und 2b in Verbindung und bedingen den Wahlerfolg der rechtspopulistischen Parteien.

Zum Abschluss erfolgt nun ein Vergleich der Erfolgsfaktoren des „alten" und des „neuen" Rechtspopulismus. Betrachtet man sich die vorhergehenden Analysen wird bereits deutlich, dass es hinsichtlich der Erfolgsursachen eindeutige Überschneidungen gibt. Einen besonderen Ausschlag geben dabei die Erfolgsfaktoren 4c und 2b, welche meist in Verbindung für den Erfolg rechtspopulistischer Parteien verantwortlich sind und auf die anderen Bereiche des politischen Wettbewerbs ausbrechen. Der Erfolgsfaktor 4c ist überwiegend mit sozio-kulturellen Ereignissen verbunden und zeichnet sich durch Flüchtlingskrisen oder liberale Einwanderung aus. Hier gibt es keinen Unterschied zwischen dem „alten" und dem „neuen" Rechtspopulismus. Weiterhin setzen rechtspopulistische Parteien Einwanderungs- und Flüchtlingsproblematiken häufig in Verbindung mit den herrschenden Eliten und betreiben somit eine Anti-Establishment Politik (2b), deren einzige Alternative sie selbst darstellen. Somit werden in der Vergangenheit und Gegenwart Vorstellungsverknüpfungen zwischen sozio-kulturellen Problematiken und den herrschenden Parteieneliten erstellt. Diese Vorstellungsverknüpfungen zwischen 4c und 2b stellen die primären Erfolgsfaktoren des „neuen" und „alten" Rechtspopulismus dar, welche durch sekundäre landesspezifische Faktoren ergänzt werden.

Aufgrund der Übereinstimmung der primären Erfolgsfaktoren in der Vergangenheit und Gegenwart, bestätigt sich die eingangs aufgestellte Hypothese, dass es sich bei rechtspopulistischen Erscheinungen in Europa nicht um neue Dynamiken handelt, sondern um bereits vorhandene alte Erfolgsmuster.

7 Fazit

Ziel dieser Masterarbeit war es die primären Erfolgsfaktoren des „alten" und „neuen" Rechtspopulismus in Europa herauszuarbeiten und auf dieser Basis eine Aussage darüber zu treffen, ob sich diese primären Erfolgsfaktoren im Laufe der Zeit gewandelt haben. Um den Erfolg der rechtspopulistischen Parteien zu bestimmen, wurden die verschiedenen Lebensphasen der Parteien, mit Hilfe einer Karriereleiter des politischen Erfolgs klassifiziert. Dieses Vorgehen bietet zweierlei methodische Vorteile. Zum einen können die Erfolgsphasen, unabhängig von ihren historischen Rahmenbedingungen strukturiert werden. Zum anderen, ermöglicht die Eingruppierung nach Karrierestufen, einen objektiven länderübergreifenden Vergleich der rechtspopulistischen Parteien in Europa. Um die primären Erfolgsfaktoren der Parteien zu bestimmen, wurden die erfolgreichsten Karrierephasen der Parteien mit Hilfe des viergliedrigen Analyserasters eruiert. Die Analyse der Erfolgsfaktoren der rechtspopulistischen Parteien in Österreich, Frankreich, Deutschland und den Niederlanden lieferte ein Muster an Faktoren, die den politischen Erfolg der Parteien maßgeblich beeinflussen. Zur Beantwortung der eingangs formulierten Fragen, ob sich die Erfolgsfaktoren die den Erfolg rechtspopulistischer Parteien bestimmen, im Laufe der Zeit gewandelt haben, wurden die Erfolgsparadigmen der „alten" rechtspopulistischen Parteien der FPÖ und des Front National, mit den jüngsten Erfolgen der AfD und der PVV verglichen.

Dabei wurde deutlich, dass die Verknüpfung von sozio-kulturellen Problematiken und dem Handeln bzw. Nichthandeln der Eliten als primäre Erfolgsfaktoren bestimmt werden können. Diese finden sich gleichermaßen bei den politischen Erfolgen der rechtspopulistischen Parteien der Vergangenheit und Gegenwart.

Den größten politischen Erfolg feierte die FPÖ im Jahre 2000 als man als Juniorpartner der Regierung beitrat. Auslöser waren die wachsenden Einwanderungszahlen im Rahmen des jugoslawischen Verfalls. Die FPÖ nutzte die Ängste der österreichischen Bevölkerung, indem sie die Einwanderungsproblematik instrumentalisiert, um gegen die Konkordanzdemokratie und das Zweckbündnis der großen Parteien Stimmung zu machen. Ein ähnliches Bild zeigte sich fast zeitgleich in Frankreich, als Jean Marie Le Pen 2002 in die Stichwahl um das Präsidentschaftsamt einzog. Auch in diesem Wahlkampf verknüpfte der Front National die Themen Kriminalität und Sicherheit mit der wachsenden Einwanderungsproblematik und macht das gemäßigte linke und rechte Lager, welche zuvor in einer Kohabitation regiert haben, für die Entwicklung im Land verantwortlich.

Fast 15 Jahre nach dem größten Erfolg von Jean Marie Le Pen, sorgte die AfD in Deutschland bei den Bundestagswahlen für großes Aufsehen, als die rechtspopulistische Partei mit 12,6 Prozent in den Bundestag einzog. Auch dieser Erfolg ist auf eine Anti-Establishment Politik zurückzuführen. Die Flüchtlingskrise und die Willkommenskultur der Regierung, führten zu Unsicherheit in Teilen der Deutschen Bevölkerung. Die AfD wusste dieses Potential zu nutzen und macht die große Koalition, manifestiert durch die Person Merkels für die Migrationsproblematik verantwortlich. Die PVV konnte im Jahre 2010 ihren größten politischen Erfolg feiern, als sich Wilders als Mehrheitsbeschaffer an der niederländischen Regierung beteiligte. Mit seinen Hauptthemen der Islam-Kritik konnte er eine breite Wählerschaft mobilisieren. Auch in den Niederlanden ist das Zusammenspiel aus sozio-kulturellen Rahmenbedingungen und den Strategien auf der politischen Angebotsseite erkennbar. Wilders macht die liberale Einwanderungspolitik für die wachsende Islamisierung, Kriminalisierung verantwortlich und präsentiert sich als einzige Alternative zum Establishment. Abschließend lässt sich aufgrund der durchgeführten Länderanalysen feststellen, dass es sich bei den jüngsten Erfolgen der rechtspopulistischen Parteien in Europa keineswegs um eine neue Dynamik handelt, sondern ein altbekanntes Muster zu erkennen ist.

8 Literaturverzeichnis

AfD Fraktion im Sächsischen Landtag (2016): 3400 „bedauerliche" Einzelfälle? Kriminalität in Asylheimen explodiert, [online] http://afd-fraktion-sachsen.de/presse/pressemitteilungen/id-3-400-bedauerliche-einzelfaelle-kriminalitaet-in-asylheimen-explodiert.html [29.08.2017].

AFP (2017): Alle Ergebnisse der Präsidentenwahl im Überblick, [online] https://www.welt.de/politik/ausland/article164336249/Alle-Ergebnisse-der-Praesidentenwahl-im-Ueberblick.html [12.10.2017].

Almeida, Dimitri (2007): Der Front National- Analyse eines wahlpolitischen Überfalls, in: Lendemains (Hrsg.), Jg. 126, S. 63-70.

Asholt, Wolfgang (1997): Nachbarn mit Schwieriger Vergangenheit und ungewisser Zukunft: Frankreich und Maghreb, in: Deutsch-Französisch Institut/ Albertin, Lothar/ Asholt, Wolfgang/ Bock, Hans- Manfred/ Christadler, Marieluise/ Kolboom, Ingo/ Kimmel, Adolf/ Picht, Robert/ Uterwedde, Henrik (Hrsg.): Frankreich- Jahrbuch 1997- Politik, Wirtschaft, Gesellschaft, Geschichte, Kultur, Opladen: Leske & Budrich, S.39-59.

Basche, Steffi (2016): Politik: So reagierten die Niederlande auf den Sieg Donald Trump, [online] https://www.uni-muenster.de/NiederlandeNet/aktuelles/archiv/2016/november/1111Trump.html [06.09.2016].

Bauer, Werner (2008): Zuwanderung nach Österreich, in: Österreichische Gesellschaft für Politikberatung und Politikentwicklung (Hrsg.), [online] http://www.forschungsnetzwerk.at/downloadpub/zuwanderung_nach_oesterreich_studie2008_oegpp.pdf [08.09.2017].

Bebnowski, David (2016): Gute Liberale gegen böse Rechte? – zum Wettbewerbspopulismus der AfD als Brücke zwischen Wirtschaftsliberalismus und Rechtspopulismus und dem Umgang mit der Partei, in: Häusler, Alexander (Hrsg.): Die Alternative für Deutschland – Programmatik, Entwicklung und politische Verortung. Wiesbaden: Springer VS, S. 25–35.

Berkel, Barbara (2006): Konflikt als Motor europäischer Öffentlichkeit. Eine Inhaltsanalyse von Tageszeitungen in Deutschland, Frankreich, Großbritannien und Österreich, (1. Aufl.), Wiesbaden: Springer VS.

Bizuel, Yes (2015): Ursachen und Erscheinungsformen von Rassismus und Rechtspopulismus im heutigen Frankreich, in: Decker, Frank/ Henningsen, Bernd/ Jakobsen, Kjetil (Hrsg.): Rechtspopulismus und Rechtsextremismus in Europa, Baden-Baden: Nomos, S.59-75.

Bremische Bürgerschaft (2017): Mitglieder der Bremischen Bürgerschaft, [online] https://www.bremische-buergerschaft.de/index.php?id=358&fraktion=b25fac [10.08.2017].

Brechon, Pierre: La France aux urnes, [online] https://www.interieur.gouv.fr/ [21.09.2017].

Bundesamt für Migration und Flüchtlinge (2017): Schlüsselzahlen Asyl 1. Halbjahr 2017, [online] http://www.bamf.de/SharedDocs/Anlagen/DE/Publikationen/Flyer/flyer-schluesselzahlen-asyl-halbjahr-2017.pdf?_blob=publicationFile [02.09.2017].

Bundesministerium des Inneren (2017): Leitkultur für Deutschland – Was ist das eigentlich?, [online] http://www.bmi.bund.de/SharedDocs/Interviews/DE/2017/05/namensartikel-bild.html [04.09.2017].

Bundesministerium für Inneres (2002): Nationalratswahl vom 3. Oktober 1999, [online] http://www.bmi.gv.at/cms/BMI_wahlen/nationalrat/files/Geschichte/nationalratswahl_3101999.pdf [10.09.2017].

Bundestagswahl-2017 (2017): Ergebnis der Bundestagswahl 2017, [online] https://bundestagswahl-2017.com/ergebnis/ [17.10.2017].

Bundeszentrale für politische Bildung (2017a): Alternative für Deutschland, [online] http://www.bpb.de/politik/grundfragen/parteien-in-deutschland/kleinparteien/211108/afd [27.07.2017].

Bundeszentrale für politische Bildung (2017b): FPÖ: Von der Alt-Nazi-Partei zum Prototyp des europäischen Rechtspopulismus, [online] http://www.bpb.de/politik/extremismus/rechtspopulismus/239915/fpoe-prototyp-des-europaeischen-rechtspopulismus [28.07.2017].

Butterwegge, Christoph (2002): Rechtsextremismus, Freiburg: Herder.

Camus, Jean-Yves (2014): Der Front National (FN) – eine rechtsradikale Partei? In: Friedrich- Ebert- Stiftung- Perspektive, S. 2-10.

Camus, Jean-Yves (2015): Frankreichs Front National auf dem Weg an die Macht? In: Hillebrand, Ernst (Hrsg.): Rechtspopulismus in Europa, Gefahr für die Demokratie? Bonn: Dietz, S. 24-31.

Chwala, Sebastian (2015): Der Front National Geschichte, Programm, Politik und Wähler, Köln: Papy Rossa.

Crouch, Colin (2008): Postdemokratie, (1. Aufl.), Berlin: Suhrkamp.

Das Gupta, Oliver (2016): Der Anschlag, die AfD und ihre Maschen, in: Süddeutsche Zeitung (Hrsg.), [online] http://www.sueddeutsche.de/politik/rechtspopulismus-der-anschlag-die-afd-und-ihre-masche-1.3305035 [17.10.2017].

Decker, Frank (2006): Populismus – Gefahr für die Demokratie oder nützliches Korrektiv?, (1. Aufl.), Wiesbaden: Springer VS.

Decker, Frank (2015a): Rechtspopulismus und Rechtsextremismus in Europa. Die Herausforderung der Zivilgesellschaft durch alte Ideologien und neue Medien, (1. Aufl.), Baden-Baden: Nomos Verlag, S. 75 110.

Decker, Frank (2015b): AfD, Pegida und die Verschiebung der parteipolitischen Mitte, in: Bundeszentrale für politische Bildung (Hrsg.), Aus Politik und Zeitgeschichte, Nr. 40, S. 27-32.

Decker, Frank (2016): Die Alternative für Deutschland aus der vergleichenden Sicht der Parteienforschung, in: Alexander, Häusler (Hrsg.): Die Alternative für Deutschland – Programmatik, Entwicklung und politische Einordnung, Wiesbaden: Springer VS, S. 7-24.

Decker, Oliver/ Brähler, Elmar (2006): Vom Rand zur Mitte, Rechtsextreme Einstellungen und ihre Einflussfaktoren in Deutschland. Friedrich-Ebert-Stiftung: Berlin.

Denkler, Thorsten (2017): Wer Merkel bestrafen will, muss nicht mehr AfD wählen, in: Süddeutsche Zeitung (Hrsg.), [online] http://www.sueddeutsche.de/politik/bundestagswahl-was-der-afd-schadet-1.3392549 [02.09.2017].

Der Landeswahlleiter des Landes Nordrhein-Westfalen (2017): Landtagswahl 2017, [online] https://www.wahlergebnisse.nrw.de/landtagswahlen/2017/aktuell/a000lw1700.shtml [31.08.2017].

Deutscher Bundestag (2016): Rechtsextremistische Parteien in der Bundesrepublik Deutschland, [online] https://www.bundestag.de/blob/413442/6a8bba9e38268b1e4473fd80a28aefd1/wd-1-170-06-pdf-data.pdf [26.10.2017]

Die Presse (2017): Nationalratswahl 2017: Gesamtergebnis, Detailergebnisse, Wahlbeteiligung, Koalitionsrechner und Wählerstromanalyse, [online] http://diepresse.com/home/innenpolitik/nationalratswahl/5300771/Nationalratswahl-2017_Gesamtergebnis-Detailergebnisse [18.10.2017].

Dilling, Matthias (2010): Die FN und das „Erdbeben" der Präsidentschaftswahl von 2002 – Ruptur oder Ausreißer? München: Grin.

Dpa (2012): Rechtspopulistische Partei für die Freiheit: Wilders Schwäche bringt niederländische Regierung in Bedrängnis, [online] http://www.tagesspiegel.de/politik/rechtspopulistische-partei-fuer-die-freiheit-wilders-schwaeche-bringt-niederlaendische-regierung-in-bedraengnis/6448278.html [25.08.2017].

Eckardt, Frank (2003): Pim Fortuyn und die Niederlande Populismus als Reaktion auf die Globalisierung, Marburg: Tectum.

Engler, Marcus (2007): Focus Migration- Frankreich, [online] http://hwwi-rohindex.de/uploads/tx_wilpubdb/LP02_Frankreich_v2_01.pdf [22.09.2017].

Eurostat (2016): Wachstumsrate des realen BIP, [online] http://ec.europa.eu/eurostat/tgm/table.do?tab=table&init=1&language=de&pcode=tec00115&plugin=0 [01.10.2017].

Federl, Fabian (2017): Front National- Rechts draußen, [online] http://www.zeit.de/politik/ausland/2017-06/front-national-legislativwahl-fluegel-kampf/komplettansicht [09.10.2017].

Frankfurter Allgemeine Zeitung (2010): Was schreibt Sarrazin? Eine Handreichung in Thesen, [online] http://www.faz.net/aktuell/feuilleton/sarrazin/die-thesen/integrationsdebatte-was-schreibt-sarrazin-eine-handreichung-in-thesen-11043348.html [29.07.2017].

Frankfurter Allgemeine Zeitung (2012): Korruptionsvorwürfe gegen die ÖVP, [online] http://www.faz.net/aktuell/politik/ausland/oesterreich-korruptionsvorwuerfe-gegen-oevp-11831679.html [15.09.2017].

Frankfurter Allgemeine Zeitung (2013): „Die Euro-Rettungskredite sind verloren", [online] http://www.faz.net/aktuell/wirtschaft/eurokrise/im-gespraech-bernd-lucke-die-euro-rettungskredite-sind-verloren-12196978.html [29.07.2017].

Frankfurter Allgemeine Zeitung (2017a): Höcke-Vize Brönner schmeißt hin, [online] http://www.faz.net/aktuell/politik/inland/afd-thueringen-hoecke-vize-steffi-broenner-tritt-zurueck-15092484.html [28.07.2017].

Frankfurter Allgemeine Zeitung (2017b): Regierungskrise – Neuwahlen in Österreich am 15. Oktober, [online] http://www.faz.net/aktuell/politik/ausland/neuwahlen-in-oesterreich-am-15-oktober-15018596.html [29.07.2017].

Frankfurter Allgemeine Zeitung (2017c): Gauland fordert „Stolz" auf deutsche Soldaten, [online] http://www.faz.net/aktuell/politik/bundestagswahl/afd-alexander-gauland-relativiert-verbrechen-der-wehrmacht-15199412.html [18.10.2017].

Freiheitliche Partei Österreichs (2017): HC Strache: Schluss mit Einwanderung in unser Sozialsystem!, [online] https://www.fpoe.at/artikel/hc-strache-schluss-mit-einwanderung-in-unser-sozialsystem/ [29.07.2017].

Frölich-Steffen, Susanne (2006): Rechtspopulistische Herausforderer in Konkordanzdemokratien. Erfahrungen aus Österreich, der Schweiz und den Niederlanden, in: Decker, Frank (Hrsg.): Populismus – Gefahr für die Demokratie oder nützliches Korrektiv?, (1.Aufl.), Wiesbaden: VS Verlag für Sozialwissenschaften, S. 144-164.

Geden, Oliver (2005), Identitätsdiskurs und politische Macht. Die Mobilisierung von Ethnozentrismus zwischen Regierung und Opposition am Beispiel von FPÖ und SVP, in: Frölich-Steffen, Susanne/ Rensmann, Lars (Hrsg.): Populisten an der Macht, Wien: Braunmüller, S. 71-85.

Giesbert, Maike (2007): Unterstützung: Problemviertel erhalten zusätzliche Gelder, [online] https://www.uni-muenster.de/NiederlandeNet/aktuelles/archiv/2007/maerz/0323gelder.html [28.08.2017].

Handelsblatt (2014): Ex-Schill-Leute stürzen AfD ins Chaos, [online] http://www.handelsblatt.com/politik/deutschland/buergerschaftswahlen-2015/vier-vorstandsmitglieder-gehen-ex-schill-leute-stuerzen-hamburger-afd-ins-chaos/10806420.html [09.08.2017].

Handelsblatt (2015): Gauland nennt Flüchtlingskrise ein „Geschenk", [online] http://www.handelsblatt.com/politik/deutschland/afd-vize-gauland-nennt-fluechtlingskrise-ein-geschenk/12715100.html [23.08.2017].

Hartleb, Florian (2017): Die Stunde der Populisten. Wie sich unsere Politik trumpetisiert und was wir dagegen tun können, Schwalbach/Ts.: Wochenschau-Verlag, S. 97-108.

Hartleb, Florian (2004): Rechts- und Linkspopulismus: Eine Fallstudie anhand von Schill-Partei und PDS, (1. Aufl.), Wiesbaden: Springer VS.

Hartleb, Florian (2011): Extremismus in Österreich, in: Eckhard, Jesse und Tom Thieme (Hrsg.): Extremismus in den EU-Staaten, Wiesbaden: Springer VS, S. 265-282.

Heinisch, Reinhard (2003): Success in opposition – failure in government: explaining the performance of right-wing populist parties in public office, in: West European Politics (Hrsg.), Nr. 26: S. 93-130.

Heinisch, Reinhard (2004): Die FPÖ – Ein Phänomen im Internationalen Vergleich. Erfolg und Misserfolg des Identitären Rechtspopulismus, in: Österreichische Zeitschrift für Politikwissenschaften (Hrsg.), Jg. 33, Nr.3: S. 247-261.

Heinisch, Reinhard/ Kristina Hauser (2015): Rechtspopulismus in Österreich: Die Freiheitliche Partei Österreichs, in: Decker, Frank (Hrsg.) Rechtspopulismus und Rechtsextremismus in Europa. Die Herausforderung der Zivilgesellschaft durch alte Ideologien und neue Medien, (1. Aufl.), Baden-Baden: Nomos, S. 91-110.

Häusler, Alexander (2016): Die AfD: Eine rechtspopulistische Partei im Wandel. Ein Zwischenbericht, in: DGB Bundesvorstand (Hrsg.): diskurs, [online] http://www.bbz.verdi.de/upload/20160311%20diskurs%20AfD-Studie%2011_03_2016.pdf [23.08.2017].

Infratest dimap (2015): AfD rückt nach rechts, CDU nach links, [online] https://www.infratest-dimap.de/uploads/media/Links-Rechts_Nov2015_01.pdf [08.08.2017].

Jaschke, Hans-Gerd (2002): Rechtsextremismus und Fremdenfeindlichkeit: Begriffe, Positionen und Praxisfelder, (2. Aufl.), Wiesbaden: Westdeutscher.

Kallinich, Daniela (2015): Die Europawahl 2014 in Frankreich- Wahlen im Zeichen einer Gesellschaft in der Krise? In: Kaeding, Michael/ Switek, Nico (Hrsg.): „Die Europawahlen 2014- Spitzenkandidaten, Protestparteien, Nichtwähler", Wiesbaden: Springer, S. 173-184.

Kempin, Ronja (2017a): Der Front National- eine feste politische Größe in Frankreich, [online] http://www.bpb.de/politik/extremismus/rechtspopulismus/245672/der-front-national-eine-feste-politische-groesse-in-frankreich [28.07.2017].

Kempin, Ronja (2017b): Der Front National. Erfolg und Perspektiven der „stärksten Partei Frankreichs", [online] https://www.swp-berlin.org/fileadmin/contents/products/studien/2017S06_kmp.pdf [01.10.2017].

Kiess, Johannes/ Decker, Oliver (2007): Rechtsextremismus und Rechtspopulismus, Hamburg: Arbeit und Leben Hamburg.

Kirchner, Thomas (2016): Geert Wilders- Comeback eines Hemmungslosen, [online] http://www.sueddeutsche.de/politik/niederlande-geert-wilders-comeback-eines-hemmungslosen-1.2831978 [25.08.2017].

Klein, Tanja (2011): Rechtspopulistische Parteien in Regierungsbildungsprozessen. Die Niederlande, Belgien und Schweden im Vergleich. Welt Trend Thesis. Potsdam Universitätsverlag, [online] http://opus.kobv.de/ubp/volltexte/2012/5770/pdf/wtthesis12.pdf [20.07.2017].

Kolb, Matthias (2017): Sechs Grafiken, die den Erfolg der AfD erklären, in: Süddeutsche Zeitung (Hrsg.), [online] http://www.sueddeutsche.de/politik/afd-bei-bundestagswahl-sechs-grafiken-die-den-erfolg-der-afd-erklaeren-1.3681714 [17.10.2017].

Kopmans, Ruud/ Paul Statham (1999): Ethnic and Civic Conceptions of Nationhood and the Differential Success oft he Extreme Right in Germany and Italy, in: Giugni, Marco/ Doug McAdam/ Charles Tilly (Hrsg.): How Social Movements Matter, Minneapolis: University of Minnesota Press: S. 225-251.

Krause, Andre (2014): Rechtspopulismus am Beispiel der PVV, [online] https://www.uni-muenster.de/NiederlandeNet/nl-wissen/politik/vertiefung/rechtspopulismus/populismus.html [12.08.2017].

Köhler, Kim-Yvonne/ Seidendorf, Stefan/ Thieben, Nils (2011): Neuer Kopf, alte Ideen? – „Normalisierung" des Front National unter Marine Le Pen, in: „Aktuelle Frankreich- Analysen", Jg. 25: S. 2-15.

Landesamt für Statistik in Niedersachsen (2017): Vorläufige Endergebnisse und Vergleichszahlen – Land Niedersachsen, [online] https://www.aktuelle-wahlen-niedersachsen.de/LW2017/LW/000.pdf [21.10.2017].

Landeswahlleitung Rheinland-Pfalz (2016): Wahlergebnisse 2016, [online] http://www.wahlen.rlp.de/ltw/wahlen/2016/sitzverteilung/index.html [22.08.2017].

Landeszentrale für politische Bildung Baden-Württemberg (2016): Ergebnis der Landtagswahl 2016 in Baden-Württemberg, [online] http://www.landtagswahl-bw.de/ergebnis_landtagswahl_2016_bw.html [22.08.2017].

Landeszentrale für politische Bildung Baden-Württemberg (2017): Flüchtlinge in Deutschland, [online] http://www.lpb-bw.de/fluechtlingsproblematik.html [22.08.2017].

Lenk, Kurt (2005): Rechtsextreme Argumentationsmuster, in: Aus Politik und Zeitgeschichte, Nr. 42: S. 17-22.

Lewandowsky, Marcel (2015): Eine rechtspopulistische Protestpartei? Die AfD in der öffentlichen und politikwissenschaftlichen Debatte, in Nomos, Jg. 25, Nr. 1: S.119 -134.

Lucardie, Paul (2011): Populismus: begriffshistorische und theoretische Bemerkungen, in: Wielenga, Friso/ Hartleb, Florian (Hrsg.): Populismus in der modernen Demokratie, Münster: Waxmann, S.17-39.

Marcinkiewicz Kamil/ Michael Jankowski (2015): Die Bundestagswahl 2013 im historischen Vergleich, in: Strijbis, Oliver/ Schnapp, Kai-Uwe (Hrsg.): Aktivierung und Überzeugung im Bundestagswahlkampf 2013, Wiesbaden: Springer VS, S. 55-80.

Meyer, Thomas (2006): Populismus und Medien, in: Decker, Frank (Hrsg.): Populismus in Europa – Gefahr für die Demokratie oder nützliches Korrektiv? Wiesbaden: VS Verlag für Sozialwissenschaften, S. 81-96.

Ministere L`Interieur (2017): Election presidentielle 2002, [online] http://www.france-politique.fr/election-presidentielle-2002.htm [20.09.2017].

Mondon, Aurelien (2014): The Front National in the Twenty- First Century – From Pariah to Republican Democratic Contender? In: Modern & Contemporary France, Jg. 22, Nr. 3: S.301-320.

Müller, Wolfgang C. (2002): Evil or the „Engine of Democracy"? Populism and Party.Competition in Austria, in: Yves Mény und Yves Surel (Hrsg.): Populism in Western Democracy, Oxford, S. 86-125.

Nestler, Christian/ Rohgalf, Jan (2014): Eine deutsche Angst – Erfolgreiche Parteien rechts von der Union. Zur AfD und den gegenwärtigen Gelegenheitsstrukturen des Parteienwettbewerbs, in: Zeitschrift für Politik (Hrsg.), Jg. 61, Nr. 4: S.389-413.

Neundorf, Anja (2012): Die Links-Rechts-Dimension auf dem Prüfstand: Ideologisches Wählen in Ost- und Westdeutschland 1990 bis 2008, in: Rüdiger Schmitt-Beck (Hrsg.): Wählen in Deutschland, Sonderheft der PVS 45/2011, Baden-Baden, S. 233-256.

Niedermayer, Oskar (2015): Eine neue Konkurrentin im Parteiensystem? Die Alternative für Deutschlan, in: Niedermayer, Oskar (Hrsg.): Die Parteien nach der Bundestagswahl 2013, Wiesbaden: Springer VS, S. 175-208.

Niedermayer, Oskar (2013): Einleitung: Erfolgsbedingungen neuer Parteien im Parteiensystem, in: Niedermayer, Oskar (Hrsg.): Die Piratenpartei, Wiesbaden: Springer VS, S. 7-14.

Norddeutscher Rundfunk (2013): Bundestagswahl 2013, [online] https://wahl.tagesschau.de/wahlen/2013-09-22-BT-DE/analyse-wanderung.shtml [30.07.2017].

Nuspliger, Niklaus (2017): Zerwürfnis zwischen Niederlande und der Türkei, [online] https://www.nzz.ch/international/zerwuerfnis-zwischen-den-niederlanden-und-der-tuerkei-der-teflon-premier-zeigt-klare-kante-ld.151076 [aufgerufen am 06.09.2017].

Ogris, Günther/ Hofinger, Christopher (2002): Wahlanalyse zur Nationalratswahl 2002, in: Österreich Journal (Hrsg.), Nr. 2, Wien: Österreich Journal Verlag.

Österreichischer Integrationsfonds (2015): Asyl und Flucht 2015, in: Österreichischer Integrationsfonds (Hrsg.), Wien.

Oudenampsen, Merijn (2013): Explaining the Swing to the Right: The Dutch Debate on the Rise of Right- Wing Populism, in: Wodak, Ruth/ KhosraviNik, Majid/ Mral, Brigitte (Hrsg.): Right- Wing Populism in Europe- Politics and Discourse, London: Bloomsbury, S. 191- 209.

Pedersen, Mogens N. (1982): Towards a New Typology of Party Lifespans and Minor Parties, in: Scandinavian Political Studies (Hrsg.), Nr. 5: S. 1–16.

Pelinka, Anton (1997): Das politische System Österreichs, in: Ismayr, Wolfgang (Hrsg.): Die politischen Systeme Westeuropas, Opladen: Leske + Budrich, S. 479-508.

Pelinka, Anton (2009): Das politische System Österreichs, in: Ismayr, Wolfgang (Hrsg.): Die politischen Systeme Westeuropas, (4. Aufl.), Wiesbaden: VS Verlag für Sozialwissenschaften.

Pelinka, Anton (2013): Right-Wing Populism: Concept and Typology, in: Wodak, Ruth/ KhosraviNik, Majid/ Mral, Brigitte (Hrsg.): Right- Wing Populism in Europe- Politics and Discourse, London: Bloomsbury, S. 3-23.

Peters; Benedikt (2017): Warum die AfD so gut abgeschnitten hat, in: Süddeutsche Zeitung (Hrsg.), [online] http://www.sueddeutsche.de/politik/bundestagswahl-warum-die-afd-so-gut-abgeschnitten-hat-1.3679800 [18.10.2017].

Preglau, Max (2001): Rechtsextrem oder postmodern? Über die Rhetorik, Programmatik, Interaktionsformen und ein Jahr Regierungspolitik der (Haider-) FPÖ, in: SWS-Rundschau (Hrsg.), Nr. 2: S. 193-213.

Rensmann, Lars/ Hagemann, Steffen/ Hajo Funke (2011): Autoritarismus und Demokratie. Politische Theorie und Kultur in der globalen Moderne, Schwalbach/Ts: Wochenschau-Verlag.

Rensmann, Lars (2006): Populismus und Ideologie, in: Decker, Frank (Hrsg.): Populismus Gefahr oder nützliches Korrektiv? Wiesbaden: VS Verlag für Sozialwissenschaften, S. 59-81.

Reuter, Franz- Josef (2002): Die Parlamentswahlen in den Niederlanden, [online] http://www.kas.de/wf/de/33.703/ [08.08.2017].

Reuter, Gerd (2011): Unmut zwischen Maas und Marschen: Rechtspopulisten in Belgien und den Niederlanden, in: Wielenga, Friso/ Hartleb, Florian (Hrsg.): Populismus in der modernen Demokratie, die Niederlande und Deutschland im Vergleich, Münsert: Waxmann, S. 55-77.

Salzborn, Samuel (2015): Rechtsextremismus, (2. Aufl.), Baden-Baden: Nomos.

Sartori, Giovanni (1976): Parties and Party Systems. A Framework for Analysis. Cambridge: Cambridge University Press.

Schmidt-Beck, Rüdiger (2014): Euro-Kritik, Wirtschaftspessimismus und Einwanderungsskepsis: Hintergründe des Beinahe-Erfolgs der Alternative für Deutschland (AfD) bei der Bundestagswahl 2013, in: Zeitschrift für Parlamentsfragen (Hrsg.), Nr. 45: S. 94-112.

Schleswig-Holsteinischer Landtag (2017): Der 19. Schleswig-Holsteinische Landtag, [online] http://www.landtag.ltsh.de/parlament/index.html [31.08.2017].

Schmid, Bernhard (2009): Der Auf- und Abstieg von Frankreichs Front National, [online] http://www.bpb.de/politik/extremismus/rechtsextremismus/41209/frankreich [27.07.2017].

Schneider, Antoine (2016): Regierungs(un)fähigkeit rechtspopulistischer Parteien, [online] http://politicalscience.blogs.uni-hamburg.de/tag/regierungsverantwortung/ [24.08.2014].

Schwarz, Peter (2002): Die politischen Lehren aus den Präsidentschaftswahlen in Frankreich, [online] https://www.wsws.org/de/articles/2002/05/psfr-m22.html [18.09.2017].

Schweighöfer, Kerstin (2017): Rechtspopulismus in den Niederlanden, [online] http://www.bpb.de/politik/extremismus/rechtspopulismus/242504/rechtspopulismus-in-den-niederlanden [31.07.2017].

Schümer, Dirk (2004): Am Schlachtermesser klebt das Bekennerschreiben, [online] http://www.faz.net/aktuell/feuilleton/theo-van-gogh-am-schlachtermesser-klebte-das-bekennerschreiben-1192824.html [09.08.2017].

Simons, Stefan (2017): Affäre Fillon Frankreich und die Gier der Eliten, [online] http://www.spiegel.de/politik/ausland/francois-fillon-frankreich-und-die-gier-seiner-eliten-a-1132772.html [25.09.2017].

Spiegel Online (2017): Neuwahlen in Österreich am 15. Oktober, [online] http://www.spiegel.de/politik/ausland/oesterreich-neuwahlen-am-15-oktober-a-1147957.html [20.10.2017].

Spetsmann-Kunkel, Martin (2017): Rechtsextreme Gewalt in der Bundesrepublik Deutschland- Ein Überblick. Kultur und Sozialwissenschaften: Hagen.

Statista (2017a): Frankeich- Arbeitslosenquote von 2007 bis 2017, [online] https://de.statista.com/statistik/daten/studie/17310/umfrage/arbeitslosenquote-in-frankreich/ [aufgerufen am, 22.09.2017].

Statista (2017b): Die Parteien im sozialen Netz, [online] https://infographic.statista.com/normal/infografik_7616_fans_der_parteien_in_den_sozialen_netzwerken_n.jpg [26.08.2017].

Statista (2017c): Niederlande: Arbeitslosenquote von 2007 bis 2017, [online] https://de.statista.com/statistik/daten/studie/17321/umfrage/arbeitslosenquote-in-den-niederlanden/ [01.10.2017].

Statistisches Amt Saarland (2017): Landesergebnis Saarland, [online] http://www.statistikextern.saarland.de/wahl/internet_saar/LT_SL/landesergebnisse/grafik_sitze_10.html [31.08.2017].

Statistisches Landesamt Sachsen-Anhalt (2016): Wahl des 7. Landtages von Sachsen-Anhalt am 13.03.2016, [online] http://www.stala.sachsen-anhalt.de/wahlen/lt16/index.html [22.08.2017].

Steppat, Timo (2016): Wie Populisten durch Facebook groß werden, in: Frankfurter Allgemeine Zeitung (Hrsg.), [online] http://www.faz.net/aktuell/politik/inland/wie-facebook-populisten-wie-trump-afd-und-pegida-gross-macht-14518781-p2.html [28.08.2017].

Strohmeier, Gerd (2009): Große Koalitionen in Deutschland und Österreich, in: Zeitschrift für Parlamentsfragen, Jg.19, Nr. 1: S. 5-37.

Syrovatka, Felix (2017): Die Rückkehr der Modernisten- Der untypische Präsidentschaftskandidat Emmanuel Macron und seine Bewegung „En Marche!", [online] https://www.researchgate.net/profile/Felix_Syrovatka/publication/315728304_Die_Ruckkehr_der_Modernisten/links/58df7d35aca272059aaadf86/Die-Rueckkehr-der-Modernisten.pdf [12.10.2017].

Süddeutsche Zeitung (2016): Pannen, Pech und ein knallharter Zweikampf – Eine Übersicht zur österreichischen Bundespräsidentenwahl 2016, [online] http://www.sueddeutsche.de/politik/chronologie-zur-wahl-in-oesterreich-pleiten-pech-und-ein-knallharter-zweikampf-1.3158621 [29.07.2017].

Süddeutsche Zeitung (2017): Umfragen und Wahlergebnis in den Niederlanden, [online] http://www.sueddeutsche.de/politik/vor-der-parlamentswahl-die-niederlande-eine-offene-gespaltene-gesellschaft-1.3408833#redirectedFromLandingpage [30.08.2017].

Tagesschau (2017): Macron gewinnt Präsidentenwahl, [online] https://www.tagesschau.de/multimedia/video/video-286599.html [28.07.2017].

Träbert, Katrin (2010): Sanktionen der Europäischen Union gegen ihre Mitgliedsstaaten: die Sanktionsverfahren nach Art. 228 Abs. 2 EGV und Art. 7 EUV, Riedel, Eibe (Hrsg.): Studien zum internationalen, europäischen und öffentlichen Recht, Frankfurt am Main: Internationaler Verlag der Wissenschaften.

Tümmers, Hans (2006): Das politische System Frankreichs, München: Beck.

Urbat, Jens (2007): Rechtspopulisten an der Macht: Silvio Berlusconis Forza Italia im neuen italienischen Parteiensystem, Münster: LIT Verlag.

Verfassungsschutzbericht (2005): Verfassungsschutz und Demokratie, [online] https://publikationen.uni-tuebingen.de/xmlui/bitstream/handle/10900/63244/Verfassungsschutzbericht_2005_de.pdf?sequence=1&isAllowed=y [28.06.2017].

Volkert, Lilith (2017): Wie der Front National eine normale Partei wurde, [online] http://www.sueddeutsche.de/politik/frankreich-wie-der-front-national-eine-normale-partei-wurde-1.2397696 [13.09.2017].

Vossen, Koen (2015): Das Ein-Mann-Orchester in den Niederlanden: Geert Wilders und die Partei für die Freiheit (PVV), in: Hildebrand, Ernst (Hrsg.): Rechtspopulismus in Europa Gefahr für die Demokratie? Bonn: Dietz, S. 48-59.

Weisenfeld, Ernst (1997): Geschichte Frankreichs seit 1945, von de Gaulle bis zur Gegenwart, (3. Aufl.), München: Beck.

Wielenga, Friso (2011): Die rechtspopulistisch Herausforderung- Wandel der politischen Kultur in den Niederlanden, [online] http://www.kas.de/wf/doc/kas_28945-544-1-30.pdf?111027142013 [09.08.2017].

Wodak, Ruth (2015): „Normalisierung nach rechts": Politischer Diskurs im Spannungsfeld von Neoliberalismus, Populismus und kritischer Öffentlichkeit, [online] https://bop.unibe.ch/linguistik-online/article/view/2191/3355 [01.07.2017].

Wolf, Tanja (2017): Rechtspopulismus – Überblick über Theorie und Praxis, Wiesbaden: Springer VS.

Zeit Online (2015): Front National laut Hochrechnung stärkste Kraft, [online] http://www.zeit.de/politik/ausland/2015-12/frankreich-regionalwahlen-ergebnis [14.10.2017].

Zeit Online (2017a): Merkel-Enttäuschte und Nichtwähler machen die AfD Stark [online] http://www.zeit.de/politik/deutschland/2017-09/wahlverhalten-bundestagswahl-wahlbeteiligung-waehlerwanderung [17.10.2017].

Zeit Online (2017b): Koalition mit Rechtspopulisten nicht ausgeschlossen, [online] http://www.zeit.de/politik/ausland/2017-10/wahl-oesterreich-christian-kern-spoe-fpoe/komplettansicht [18.10.2017].